AF367856

HISTOIRE

DES

MONTS DE PIETÉ,

AVEC

DES REFLEXIONS

SUR LA NATURE

DE CES ETABLISSEMENS.

PAR M. CERRETI,
Docteur en Droit.

A PADOUE,

M. DCC. LII.

PRÉFACE.

ES Monts de Pie-
té * sont sans con-
tredit les Etablisse-
mens les plus utiles , pour
ne pas dire les plus nécessaires parmi ceux , qui at-
tirent, dans les principales
Villes de l'Italie , de la
Flandre & de plusieurs
autres Etats de l'Eu-
rope , l'admiration des
Voïageurs , qui cher-

* Bureau où l'on prête aux Pauvres gratuitement , & aux autres à un modique
interêt.

chent moins à connoître les modes d'un Païs, que les avantages, & les mœurs de ceux qui l'habitent.

Ces Monumens respectables de la charité Chrétienne, autant que du zèle pour le bien Public, extirpent l'Usure avec plus de sûreté & de promptitude, que les Loix mêmes à qui le crime n'échape que trop souvent, malgré la vigilance & l'integrité des Magiftrats ; ces Etablissemens, l'azyle des malheureux, ont été, en tous

lieux, élevés par les soins
des Souverains mêmes ;
& ces Princes bienfaisans
ont reçû des Peuples dont
ils soulageoient les maux,
les témoignages les plus
autentiques d'une recon-
noissance éternelle , &
sincere.

Quel a été mon éton-
nement, lorsqu'arrivé à
Paris, dans cette Capitale,
qui fait l'admiration des
Etrangers, où fleurissent
les Arts & les Sciences ;
où parmi tant d'Etablif-
femens utiles, s'éléve ce-

lui qui doit servir de ber-
ceau aux défenseurs de la
Patrie : Quel a été, dis-je,
mon étonnement, quand
je n'y ai point vû de Mont
de Pieté ? J'ai voulu en
approfondir la cause. J'ai
trouvé que Louis XIII.
établit ou confirma en
1615, ceux d'Arras, de
Nancy & de Dolan, &
qu'il forma l'an 1626, le
projet d'en établir dans
toute la France. Que
Louis XIV. l'avoit re-
connu si utile & si neces-
faire, qu'il avoit voulu

l'executer à Paris, & dans
cinquante-huit Villes de
son Roiaume, l'an 1643 ;
mais qu'une entreprise si
vaste n'avoit pas eu, par
plusieurs raisons, le succès
qu'il en avoit espéré.

L'execution d'un projet
si étendu, exigeoit des
sommes immenses. L'in-
terêt de 15 pour cent ac-
cordé par Louis XIV. à
ces Monts de Pieté, étoit
trop onéreux au Public.

Enfin le Chevalier Ger-
bier, qui en avoit obtenu
la Surintendance, n'en

connoiſſoit pas aſſez la
nature. Il dédaigna d'en
modéler l'adminiſtration
ſur celle du Mont de Pie-
té deRome, qui eſt, aſſu-
rément, la plus parfaite.
Quand on veut établir,
dans un Etat, quelque nouvelle Manufacture , on
prend pour modeles cel-
les qui ſont les plus re-
nommées dans les Etats
voiſins. Une pareille at-
tention eût enrichi Paris
de ſ Etabliſſement, le ſeul
peut-être qui lui man-
que.

PRÉFACE.

Depuis le projet de Louis XIV. on a souvent parlé d'ériger des Monts de Piété : mais les plans qui en ont été présentés, ont paru défectueux, parce qu'ils étoient en partie formés sur ceux des Lombards ; Etablissemens très-differens des Monts de Pieté, en ce que les uns ont pour objet le bien Public, & la charité envers les Pauvres ; & les Lombards le gain des Entrepreneurs : en ce que ceux - ci font usuraires,

tandis que ceux-là font
approuvés & foûtenus par
l'Eglife.

Les fentimens divers,
& les difputes des Théo-
logiens fur les Monts de
Pieté, les idées confufes,
& même fauffes, qu'ont
donné fur cette matiere
ceux qui en ont parlé fans
l'avoir approfondie, &
feulement par occafion,
l'avantage que les Ufu-
riers, SEULS ENNEMIS DE
CES ETABLISSEMENS, ont
tiré de là pour empêcher
qu'on en formât en dif-

férens Pais, où l'Etablis-
sement des Monts de Pie-
té eût entraîné leur ruine ;
enfin l'interêt que le Public doit prendre à l'His-
toire que je lui présente,
ont été les raisons qui
m'ont engagé à y travail-
ler. J'y fais voir comment,
par quels motifs, & par
quels degrés les Monts de
Pieté ont été établis en
Italie, & dans plusieurs
Etats Chrétiens ; j'y joins
les opinions des plus fa-
meux Théologiens & Ca-
nonistes, sur l'usure par rapport aux Monts de Pieté.

je la livre à la Philosophie & à la Religion. Je l'envisagerai comme un vol réel [a], comme un crime qui détruit les fondemens de la Societé, & qui, aux yeux seuls de la raison, a mérité d'être comparé à l'homicide [b]. On verra comment les Monts de Pieté ont terrassé ce monstre avide & cruel. S'il a sçû pénétrer dans tous les Etats, & s'y répandre

---

[a] LES Romains la punissoient même plus sévérement que le vol : Ils condamnoient un voleur à rendre le double, & un Usurier à rendre le quadruple. *Cato, de re rusticâ.*

---

[b] CUM à Catone quæreretur, quid esset fœnerari ; *Quid Hominem*, inquit, *occidere ?* II. Offic. in fine.

avec une facilité incroiable , c'eſt ſans doute parce que les gains de l'Uſure ſont promts & rapides.

MAIS comme dans l'ordre des choſes humaines , les uns ne peuvent gagner beaucoup & rapidement , que les autres ne perdent dans la même proportion, c'eſt le deſtin de l'Uſurier de n'élever ſa fortune que ſur la ruine des familles. Delà cette haine éclatante , qui de tout tems & en tous lieux , a fait regarder les Juifs & ceux qui leur reſſemblent , comme l'horreur du genre humain , & comme des fleaux d'autant plus funeſtes , que dépouillés de tous les ſentimens d'hon

neur & d'humanité, ils mar-
chent, d'un visage calme, au
milieu de cette indignation &
de ce mépris universels ; & que
par l'habitude de ne traiter
avec les hommes que pour les
dévorer, leur cœur s'endurcit,
& leur cruauté croît avec les
maux publics.

Un tel crime a-t'il donc
échapé aux Législateurs ? Nul-
lement. Dans tous les Etats il
y a eu contre les Usuriers des
Loix même très-sévéres. Celles de France [c] prononcent
pour la premiere fois l'amende
honorable & le bannissement ;
& pour la seconde fois, la

[c] Ordonnance de Blois, art. 202.

peine de mort. Mais le coupable trouve l'impunité dans les ténébres où les deux parties s'enveloppent avec le même soin, & dans un secret que garde fidélement celui qui seroit le plus intéressé à le révéler; de sorte que la honte de l'Emprunteur fait la sureté de l'Usurier, en le dérobant aux Loix & à la vigilance des Magistrats. On voit les plaies, & la main qui les a faites est invisible. Ce n'est que lorsque la misere étant devenûe extrême & publique, la vivacité des maux ne permet plus de dissimuler, que l'on donne un libre cours aux plaintes & à la douleur. Les Princes alors instruits

& touchés , déploient leur juftice par un châtiment public. C'eft ainfi que les Rois de France & plufieurs Souverains ont fouvent chaffé les Juifs & les Lombards [d], afin de tirer leurs Sujets des ferres de ces vautours.

Mais cette févérité ne produifoit pas les heureux effets que l'on en attendoit. En vain profcrivoit-on l'ufure , lorfqu'il ne s'ouvroit point d'autre moien de foulager l'indigence du pauvre , ou de foutenir le crédit du Commerçant. Le mal qui fubfiftoit encore rappelloit naturellement le fecours , & follicitoit un remède

---

[d] Marchands qui faifoient un commerce ufuraire.

prompt & capable, finon de le guérir, du moins de le charmer & de l'adoucir; dût-il après quelques jours devenir plus violent. Car les fecours ufuraires font, à proprement parler, le verre d'eau que l'on boit dans la fiévre. Il rafraîchit & foulage pour le moment; mais bientôt il redouble l'accès.

L'usure faifoit les plus funeftes ravages en Italie, où les Peuples avoient des befoins, & point de Protecteurs. Les guerres, les divifions qui ont fi long-tems déchiré cette partie de l'Europe, la foibleffe des Souverains, tout contribuoit à établir & à fortifier

l'empire des Uſuriers. La plû-
part des Etats leur étoient de-
venus tributaires. Ils avoient
ruiné une infinité de familles,
ſoit en tirant ſoixante ou qua-
tre-vingt pour cent d'interêt
des ſommes qu'ils prêtoient ſur
des gages, ſoit en s'appro-
priant les gages mêmes, lorſque ces proprietaires ne ſe
préſentoient pas ſervilement
au moment preſcrit pour les
retirer. Les Peuples y languiſ-
ſoient dans un état d'épuiſe-
ment & de foibleſſe; l'ému-
lation étoit éteinte; le Commerçant n'aiant plus le cou-
rage de ſe donner des ſoins &
des fatigues dont les Uſuriers
recueilloient le fruit, le com-

merce dépèrissoit, & tomboit de jour en jour ; le pauvre mouroit de faim & de misere ; & le Citoien ruiné par des usures accumulées , voioit croître son indigence, & éterniser ses malheurs , lorsque Pérouse, Ville d'Italie, trouva la premiere le vrai remede à des maux si étendus & si profonds.

VERS le milieu du quinziéme siécle, des personnes charitables de cette Ville, touchées des malheurs d'un Peuple qui gémissoit sous la tyrannie des Juifs & des Usuriers, se réunirent, & formerent, proportionnèment à leurs facultés, une masse d'argent,

pour être emploiée à secourir
les Habitans dans leurs be-
soins. On la déposa dans un
Bureau, où ceux qui man-
quoient d'argent pour leur
subsistance journaliere & celle
de leur famille, trouverent à
emprunter de legeres sommes
sans interêt, en y laissant seulement un gage pour la sureté
du prêt. Ceux qui furent obligés d'emprunter des sommes
plus considerables, pour soutenir leur commerce & leur
crédit, y trouverent les mêmes
secours, en déposant pareillement un gage équivalent à
la somme empruntée, & en
paiant pour les frais un dédommagement modique, se-

lon le tems que leur gage ref-
toit en dépôt. Ce pieux établiffement fut nommé MONT
DE PIETE'.

LE Public en reffentit bien-
tôt toute l'utilité. Les Péru-
fiens refpirerent : le Citoien,
indigent ou preffé, n'étoit plus
réduit, en s'humiliant devant
les Ufuriers, à mandier d'eux
fa ruine. Le Mont de Pieté
qui fecouroit gratuitement les
Pauvres, rempliffoit à leur
égard les fonctions de la Pro-
vidence. Le Négociant qui,
preffé d'acquitter une lettre de
change, auroit péri pour n'ofer
pas emprunter une fomme fur
fes marchandifes, de peur
d'ébranler fon crédit, trouvoit

dans le Mont de Pieté une
reſſource ſecrete & aſſurée qui
ſauvoit ſa fortune. Car tel Négociant a fait une banqueroute
de pluſieurs millions, qui ne
la doit qu'aux uſures criantes
d'un 1er. emprunt de quatre ou
cinq mille livres. Les Particuliers qui n'achetoient auparavant qu'avec réſerve, dans la
crainte, s'il leur ſurvenoit un
contre-tems, d'être obligés
d'emprunter à un gros interêt,
ſur ces marchandiſes, ou de
les vendre à une perte conſi-
dérable, achetoient, à la faveur du Mont de Pieté, avec
plus de hardieſſe & de confiance, par la certitude de
trouver, au beſoin, de l'argent

ſur les effets achetés. Delà
une circulation utile au commerce. Le Peuple, en général plus aiſé, acquittoit plus
facilement les impôts & les autres charges de l'Etat. Cette
roſée bienfaiſante ſe répandoit
également ſur les créanciers
& ſur les débiteurs, qui avoient
tous deux la ſatisfaction, l'un
d'éteindre ſa dette, l'autre de
recevoir ſa créance. Enfin
tous les Péruſiens ſoulagés ſe
dégagèrent inſenſiblement des
liens des Uſuriers; & par la
continuité & par la facilité des
ſecours, toutes les avenues
furent fermées à l'uſure; ce
qui étoit le point eſſentiel.

LES avantages de cet éta=
bliſſement firent tant d'éclat,
que le Pape Sixte IV. s'em-
preſſa d'imiter la Ville de Pé-
rouſe , en érigeant , par une
Bulle de l'an 1479 , un Mont
de Pieté à Savone ſa Patrie.
La Bulle expoſe les motifs de
cet établiſſement , dont plu=
ſieursParticuliers avoient four=
ni les fonds. Le principal de
ces motifs étoit le ſoulagement
des Pauvres, qui empruntoient
à de groſſes uſures , & qui ne
peuvent guères emprunter au=
trement , parce que leurs beſoins, quoique fréquens , ſont
néanmoins peu étendus.

TOUS les jours, des gens
de journée , des Ouvriers ont

befoin d'une très-petite fomme , & cela encore pour peu
de tems. Ils ne trouvent pas
des perfonnes qui puiffent ou
qui veuillent leur prêter gratuitement , ni même à l'interêt ordinaire. La fomme eft
fi petite , & le tems pendant
lequel ils demandent qu'on la
leur prête eft fi court , que
l'interêt fe réduiroit à rien. Par
exemple ils ont befoin de fix
francs pour huit jours , l'interêt à cinq pour cent par an ,
donnera pour ces huit jours ,
une quantité fi petite [e], qu'il
n'y a aucune efpece de mon-
noie pour la paier ; & quand

____

[e] UN denier & demi , ou un demi-
liard.

même il y en auroit, ce ne
feroit pas la peine, pour ſi peu,
de faire un article ſur ſon livre,
de prendre les gages, de les
garder avec ſoin, de les rendre lorſque le terme eſt échû,
&c. Les Pauvres, les gens de
journée ne peuvent donc emprunter qu'à *la petite ſemaine.*
Chacun de ces interêts, bien
qu'exceſſif, eſt fort petit ; mais
répétés ſouvent, ils forment
au bout de l'année un objet
conſiderable qui fatigue les
Emprunteurs, & qui emporte
le plus pur fruit de leurs tra-
vaux ; de ſorte que ces faux
ſecours ne font que perpétuer
leur indigence.

C'ETOIT donc un ſervice
plus

plus réel encore qu'apparent , que les nouveaux Monts de Pieté procuroient aux Pauvres. C'eſt ce motif qui excitoit ſingulierement la charité des Fideles & des Souverains Pontifes. » Conſiderant , dit » Sixte IV. [f] que dans cette

Bulla Sixti Papæ IV. ſuper Monte Pietatis Savonæ.

[f] ... SANÈ conſiderantes quod in Civitate prædictâ continuè ſunt quàm plurimi pauperes , quorum aliqui adeo pecuniis carere noſcuntur , ut in eorum opportunitatibus expediat eos ad Fœneratores , & preſertim Hebræos in Civitate prædictâ degentes perſæpe habere recurſum , & ab eis, pignoribus traditis, ſub non levibus uſuris pecunias mutuò recipere... Nos autem qui præfatam Civitatem, Savonenſem , quæ noſtris dedit ortum natalibus ; & illius incolas ſpeciali

B

» Ville (de Savone) il y a un
» grand nombre de Pauvres,
» dont quelques-uns font si
» dénués d'argent, qu'ils ne
» peuvent s'empêcher dans
» leurs befoins d'avoir recours
» à des Ufuriers, & furtout
» aux Juifs, & d'en emprunter
» de l'argent à d'énormes Ufu-
» res, en leur donnant des
» gages... Pénétrés, comme
» nous le fommes, d'un atta-
» chement particulier pour la
» Ville de Savone notre Pa-
» trie, & pour fes Habitans,

dilectatione profequimur... Motu igitur proprio, ordinandi Montem Pietatis
in Civitate Savonenfi, adinftar fimilis
Montis Pietatis in Civitate Perufina, facultatem concedimus per Prefentes. ...
Datum Romæ die 9 Julii anno 1479.

» nous accordons, de notre
» pleine puiſſance, par ces
» Préſentes, la faculté d'y
» établir un Mont de Pieté
» ſemblable à celui de Pé-
» rouſe. »

PLUSIEURS autres Villes d'Italie, animées du même zèle pour le bien public, déſirant de pareils établiſſemens, les Souverains Pontifes entrerent dans leurs vûes. Innocent VIII. en 1488 érigea un Mont de Pieté à Ceſène, ou plûtôt il confirma celui que les Habitans avoient érigé. Les motifs ſont toujours les beſoins des Pauvres & des malheureux, & le déſir de les ſauver du *goufre des Uſures* qui avoient englouti les biens de plufieurs familles. [g]

LA même année le même Pape Innocent VIII. mit encore le fceau de fon autorité

Bulla Innocenti VIII. fuper Monte Pietatis Cæfenæ.

[g] ... SANE pro parte Civium noftræ Civitatis nobis nuper exhibita petitio continebat, quod olim ipfi ufurarum voragini quæ retroactis temporibus exhauferat facultates quàm plurimorum Civium, & Incolarum dictæ civitatis obviare, & pauperum ac indigentium pro tempore neceffitatibus occurrere cupientes ordinarunt, quod ex tunc de cætero continuè in dictaCivitate effe deberet una maffa proventuum pauperum & indigentium eorumdem ufibus de fervientium quæ Mons Pietatis nuncuparetur : Nos igitur dicti Montis Inftitutionem plurimo in Domino commendantes auctoritateApoftolica præfentium tenore aprobamus, & confirmamus. Datum Romæ die 6 Maii anno 1488.

Pontificale à un Mont de Pieté, que des personnes pieuses & charitables avoient formé à Mantoue. [*h*]

La Ville de Padoue en établit un en 1491. Elle avoit auparavant consulté plusieurs

---

Bulla Innocenti VIII. super Monte Pietatis Mantuæ.

[*h*] ... Sane prò parte dilectorum filiorum communitatis Civium Mantuanæ nobis super exhibita petitio continebat, quod in Civitate Mantuana non parvam pecuniæ summam ex piis Christi fidelium suffragiis colligere & in unam massam quæ Mons Pietatis nuncuparetur redigere curarunt, &c. Nos igitur dictum Montem Pietatis plurimum in Domino commendantes, ac cupientes ut illa nostræ approbationis munimine circumsulta firmiùs observentur.... Auctoritate prædictâ facultatem concedimus. Datum Romæ anno 1488.

habiles Théologiens & Docteurs de cette fameuse Univer-
sité, pour sçavoir si elle pouvoit tirer des Emprunteurs
cinq pour cent par an, pour
les dépenses & frais d'admi-
nistration inévitab'es [i]. Leur

Casus Montis Pietatis Paduæ.

[i] COMMUNITAS Paduæ habet cer-
tam pecuniæ quantitatem congregatam...
Quam quidem pecuniam eadem communitas intendit conservare ad beneficium
pauperum , & inter eos distribuere
æqualiter . . . . Et ut hæc fieri possint ,
deputavit Ministros qui custodirent dic-
tam pecuniam : qui eam distribuerent
inter petentes , & pignora acciperent ,
quæ suo periculo custodirent. . . . . Prò
quibus expediendis necesse est, domum
conducere & prò domo pensionem , &
prædictis Ministris salarium solvere :
quam expensam statu' eadem communitas faciendam esse per illos qui pecu-

avis fut que cet établissement
tel qu'il étoit proposé, étoit
permis, conforme aux Loix,
& qu'il ne pouvoit allarmer les
consciences les plus délicates [k]. Sur cette décision,
la Ville de Padoue fit fermer
les Banques des Juifs, qui
prêtoient à vingt pour cent
d'interêt, au lieu de quoi le
Mont de Pieté prêta à cinq
pour cent. Les fonds étant

---

niam accipiunt . . . . Statuit quod quili-
bet solveret de pecunia quam recipiet
unum denarium prò librâ singulo mense.

---

[k] Viso casu, & articulo supradictis
. . . . Non esse dubitandum istum modum
noviter inventum, esse juridicum, & in
eo non debere esse penes quemcumque
aliquem conscientiæ scrupulum, &c.

fournis gratuitement, cet interêt de cinq pour cent n'étoit
que pour les frais de l'adminiſtration.

L'ANNE'E ſuivante 1492 les
Habitans de Florence formerent auſſi un Mont de Pieté.
Ils conſulterent pareillement
les plus fameux Docteurs [*l*],

[*l*] CIVITAS Florentina ut charitatem
faceret egenis Chriſtocolis : & ad effu-
giendam voraginem uſurarum Hebraica-
rum , poſuit in manibus cujuſdam De-
poſitarii ſex millia ducatorum vel circa ,
ut ille teneatur mutuare egenis prò termino anni.... Cum receptione tamen
pignorum. Ipſi autem Officiales conve-
niens eſt ut ratione locationis operarum
& induſtriæ , periculi , laborum , pen-
ſionis domûs , &c. ut recipiant conve-
nientem mercedem.... Declaravit quod
dicti Officiales non poſſint accipere prò
ſingulo ducato ultrà unum quatrenum

pour

pour fçavoir s'il étoit perm
de prendre un modique interêt pour les frais. La réponfe
fut qu'il n'y avoit aucun péché,
même véniel ; mais qu'on y
exerçoit la plus grande , ou
plûtôt la Reine des Vertus ;
fçavoir la Charité , qui eft
l'amour de Dieu & du Pro-
chain. [*m*]

JULES II. par une Bulle
de 1506 érigea auffi un Mont

pro quolibet menfe .. Quæritur an dic-
ta Civitas aliquo modo peccet ?

____

[*m*] ... REMANET conclufio firma quod
Mons Pietatis rectè conftitutus eft per
Communitatem : nec incurritur aliquod
peccatum ab ipfâ vel a Præfidentibus ,
etiam veniale ; fed exercetur maxima
virtus, imò Regina virtutum Charitas Dei
& proximorum V. Idus Februarii 1492.

de Pieté à Bologne, afin, dit
la Bulle [*n*], » que la charité
» des Fideles qui formoient ce
» pieux établissement, procu-
» rât aux Pauvres des secours
» gratuits, & qu'en chassant
» les Juifs, on prévînt les maux

Bulla Julii secundi super Monte Pietatis Bononiæ.

[*n*] . . . EXCOGITANTES quomodo fieri
posset ut honestis pauperum necessitatibus, adjuvante charitate Fidelium facultates suas ad id misericordirer ero-
gantium, omni penitùs usurâ cessante,
succurrerretur, & Hebræi sœneratores non
degerent ibidem; sicque incommodis hujusmodi quæ ex illorum sœnoris exer-
citio proveniebant, obviaretur . . . . Pro
parte Communitatis Bononiæ fuit suppli-
catum ut hujusmodi Montis Pietatis crea-
tioni, institutioni, plantationi, & erec-
tioni, robur Apostolicæ confirmationis
adjiceremus. Nos igitur hujusmodi Montis
Pietatis creationem auctoritate Apostoli-
câ approbamus & confirmamus. Datum
Bononiæ, 15. Martii 1506,

» qui provenoient des usures
» dont ils fatiguoient les Bo-
» lonois.

PRIVE's du produit de leur infâme commerce, les Usuriers se déchaînerent contre les Monts de Pieté. Pour mieux en imposer, ils prirent le manteau de la Religion; & s'armant d'une rigueur outrée, ils soutinrent que les Monts de Pieté n'étoient qu'un beau nom pour masquer l'usure. Il étoit aisé de découvrir l'illusion.

MAIS ces établissemens naissans eurent des adversaires bien plus redoutables. Quelques Théologiens, entr'autres Cajetan & Dominique de Soto, croiant y appercevoir un

fond d'ufure, les condamne-
rent ; de forte qu'au commencement du feiziéme fiécle, il
s'éleva à ce fujet une difpute
affez vive. La queftion fut agi-
tée avec chaleur ; & dans le
Concile de Latran, commencé
en 1512, fous Jules II. &
achevé en 1517 fous Leon X.
lorfqu'on propofa de former un
Decret touchant les Monts de
Pieté, un Théologien fe dé-
clara contr'eux. Ses objections
qu'il fallut réfoudre, donnerent
lieu de difcuter, & d'approfondir la matiere ; & cette dif-
cuffion fervit au triomphe des
Monts de Pieté, dont elle fixa
la nature, en épurant les idées,
& en diffipant les équivoques

qui avoient séduit ce Théologien. Après un mur examen,
le Decret du Concile autorisa
ces établissemens.

LE plan de cet ouvrage exige que nous entrions ici dans
quelque détail. Ce Decret ou
Constitution renferme en peu
de mots les objections, les
réponses, & la décision. On
peut le diviser en 4 parties.

Dans la premiere, Leon X.
expose la dispute née à l'oc-
casion des Monts de Piété.
» Nous sçavons, *dit-il*, [o] qu'il

Concilium Lateranense Sessio X.

[o] SANE cum olim inter non nullos
dilectos filios Sacræ Theologiæ Magis-
tros ac Juris utriusque Doctores, con-
troversiam quandam non sine populorum

» s'eſt élevé autrefois parmi les
» Théologiens & les Docteurs
» une diſpute fort vive qui a
» excité le *ſcandale* & le mur-
» mure des Peuples, & que
» l'on vient de renouveller de
» nos jours, au ſujet des ſecours
» que fourniſſent aux Pauvres
» les Monts de Pieté, établis
» dans pluſieurs Villes d'Italie

ſcandalo & murmuratione exortam, &
nuper his diebus innovatam eſſe compe-
rerimus, circà pauperum relevationem
in mutuis eis publicâ auctoritate facien-
dis, qui Montes Pietatis vulgò appel-
lantur, quique in multis Italiæ Civita-
ribus, ad ſubveniendum per hujuſmodi
mutuum pauperum inopiæ, ne uſurarum
voragine deglutiantur, à civitatum Ma-
giſtratibus ſunt inſtituti, ac a non nul-
lis etiam ſummis Pontificibus probati &
confirmati ſunt. *Nonnullis* Magiſtris &
Doctoribus dicentibus eos Montes non

‟ pour secourir l'indigent , &
‟ le tirer *des abîmes de l'Usure.*
Les Peuples étoient scandali-
sés d'entendre des Théologiens soutenir que des établissemens , l'ouvrage de la Charité Chrétienne , fussent con-
traires à la Religion , & à la
Doctrine de l'Eglise.

L A seconde Partie du De-

---

esse licitos , in quibus aliquid ultrà fortem , decurso certo tempore, per Ministros hujus Montis ab ipsis pauperibus ,
quibus mutuum datur, exigitur ; & prop-
tereà ab usurarum crimine , injustitiâve
seu ab aliquâ certà specie mali mundos
non evadere, cum Dominus noster , Lucâ
Evangelistâ testante, aperto nos præcepto
obstrinxerit ne ex dato mutuo quidquam
ultrà sortem sperare debeamus. Ea est
enim propria usurarum interpretatio ,
quando videlicet ex usu rei quæ non
germinat , nullo labore , nullo sumptu ,

cret contient le sentiment, &
les motifs de ceux qui désap-
prouvoient les Monts de Pieté:
*Quelques Docteurs & Théolo-
giens* » prétendoient que ces
» Monts n'étoient pas permis,
» parce que l'on y exigeoit
» quelque chose au-delà du ca-
» pital, ou de la somme prê-
» tée ; ce qui leur imprimoit
» une tache d'Usure, puisque,

---

nullove periculo, lucrum fœtusque con-
quiri studetur. ALIIS verò pluribus Ma-
gistris & Doctoribus contrà afferenti-
bus, & in multis Italiæ Gymnasiis, verbo
& scripto, conclamantibus pro tanto bono,
ramque Reipublicæ necessario, modò ratione mutui nihil petatur, neque speretur.
Pro indemnitate tamen eorumdem Montium, impensarum videlicet, Ministrorum eorumdem, ac rerum omnium ad
illorum necessariam conservationem pertinentium, absque Montium hujusmodi
lucro, quid moderatum, & necessarium

» suivant le témoignage de
» l'Evangéliste S. Luc, Notre-
» Seigneur nous a défendu
» clairement d'espérer dans le
» prêt aucun profit au-delà du
» capital. Car voici quelle est
» la vraie idée de l'Usure ; c'est
» d'exiger , sans travail , sans
» dépense , sans péril , un pro-
» fit de l'usage d'une chose sté-

ab his qui ex hujusmodi mutuo commodum suscipiunt, licitè ultrà sortem exigi , & capi posse ; cum regula juris ha-
beat, quod *qui commodum sentit, onus quo-*
que sentire debeat, præsertim si Apostolica
accedat auctoritas. Quam quidem senten-
tentiam A. F. R. Paulo II. Sixto IV.
Innocentio VIII. Alexandro VI. & Julio
II. Romanis Pontificibus probatam cerni-
mus. Nos super hoc, prout nobis est ex al-
tero concessum, oportunè providere volentes, alterius quidem partis justitiæ zelum,
ne vorago aperiretur usurarum, alterius

» rile de sa nature, & qui est
» consumée par l'emploi qu'en
» fait celui à qui elle a été don-
» née en prêt. » Ces principes
sur l'Usure étoient certains ;
mais l'application que ces
Docteurs en faisoient aux
Monts de Pieté, étoit fausse,
ainsi que le prouvoient les
Théologiens opposés.

pietatis & veritatis amorem , ut pauperibus subveniretur ; utriusque verò partis studium commendantes , cum hæc ad
pacem & tranquillitatem totius Reipublicæ Christianæ spectare videantur , Sa-
cro approbante Concilio, declaramus, &
definimus Montes pietatis antedictos per
Respublicas institutos,& auctoritate Sedis
Apostolicæ hactenus probatos & confir-
matos , in quibus, pro eorum impensis
& indemnitate, aliquid moderatum ad so-
las Ministrorum impensas & aliarum rerum ad illorum conservationem, ut præ-

Dans la troisiéme Partie du Decret, le Pape explique l'avis, & les raisons de ces derniers : » D'autres Théologiens, » & Docteurs en très-grand » nombre , soit dans leurs » Ecrits, soit dans les Chaires

---

fertur, pertinentium, pro eorum indemnitate dumtaxat, ultrà sortem, absque lucro eorumdem Montium, recipitur, neque speciem mali præferre , nec peccandi incentivum præstare , neque ullo pacto improbari ; quinimò meritorium esse , ac laudari & probari debere tale mutuum, & minimè Usurarium putari ; licereque illorum pietatem & misericordiam populis prædicare, &c. Data Romæ in publica Sessione in Lateranensi sacrosanctâ Basilicâ solemniter celebrata, anno 1515. die 9. Maii.

» de Théologie , & de Droit ,
» reclamoient pour un établif-
» fement fi utile ; & fi necef-
» faire à l'Etat , pourvû qu'on
» n'y efpère, & qu'on n'y exige
» rien en vertu du prêt. Ils fou-
» tenoient, que ces Monts ne
» pouvoient retirer aucun gain
» du prêt, mais qu'il leur étoit
» permis, pour le paiement des
» Officiers , & les frais necef-
» faires , de prendre, au-deffus
» du capital, un droit modi-
» que de ceux qui emprun-
» toient, puifque , fuivant une
» regle de Droit, *celui qui retire*
» *un avantage , doit fupporter*
» *les frais neceffaires pour le lui*
» *procurer.* »

Dans la quatriéme Partie,

le Souverain Pontife loue les premiers de leur amour pour la justice, & de leur haine contre l'Usure ; les seconds de leur pieté, & de leur amour pour la vérité, & pour les Pauvres ; les uns & les autres de leur zèle ; » & persuadé, » que les Monts de Pieté con- » tribuent à la paix & à la tran- » quilité du Monde Chrétien, » nous déclarons, *dit-il*, & » décidons, avec l'approba- » tion du Concile, que les » Monts de Pieté, où l'on re- » çoit quelque chose de modi- » que pour l'entretien des Of- » ficiers, & pour les dépenses » inévitables, afin de faire subsi- » ster ces sortes d'établissemens,

» fans que les Monts en puiffent
» tirer aucun profit , au-delà
» de ce qui eft précifément né-
» ceffaire pour les dédommager
» des dépenfes qu'ils font en
» prêtant , n'ont nulle appa-
» rence de mal , ne donnent
» aucune occafion de pécher ,
» & ne font point ufuraires ;
» qu'au contraire ils font méri-
» toires , louables , & dignes
» d'éloges , & que les Prédi-
» cateurs peuvent les préfen-
» ter comme des monumens
» de la pieté , & de la charité
» des Fideles ; il défend
» enfuite de prêcher , ou d'en-
» feigner le contraire.

La queftion étant fi folem-
nellement , & fi authentique-

ment décidée par le Concile Général de Latran ; & les scrupules étant diffipés, les Monts de Pieté prirent une nouvelle faveur. Ce fecours manquoit à la Capitale d'Italie. Paul III. le lui procura en 1539. & il mit le nouveau Mont de Pieté fous la protection du Cardinal de Sainte-Croix, à qui ont fuccedé les Cardinaux Salviati, Aldobrandino, Saint Charles Boromée, Vaftavillano, Decarpo, &c. [p]

Bulla Pauli PP. III.

[p] Cum dilectus filius Jo. Calvus... expofuiffet quod nonnulli bonæ mentis viri providere confiderantes, quod in hac alma Urbe noftra continuè erant quàm plurimi pauperes quorum aliqui

En 1555 , le Mont de Pieté qui subsistoit depuis quelque tems à Vicenze, reçut un accroissement considérable par une concession du Pape Jules III. Ce Mont de Pieté aiant été d'abord établi uniquement pour les Pauvres, cette veine n'étoit pas assez

---

adeò carere pecuniis noscebantur, ut in eorum necessitatibus ad Hebræos fœneratores, in eâdem urbe degentes, persæpe cogerentur habere recursum, ut ab eis, pignoribus traditis, sub non levibus usuris pecunias mutuò reciperent, quas quidem pecunias posteà statuto termino reddere non valentes, pignora perdebant.... , Cum autem ipsi viri in urbe præfatâ non parvam pecuniæ summam ex piis Christi fidelium suffragiis collegerint, & sub nostro & sedis Apostolicæ beneplacito unum Montem Pietatis ad istar quàm plurimorum aliorum Mon-

abondante pour fe communi-
quer à d'autres Citoiens, &
aux Négocians; les Adminiftrateurs, afin d'étendre le ca-
nal & fes bienfaits, propo-
ferent de créer des actions, &
d'emprunter à interêt, pour prêter de même à ceux qui de-
manderoient des fommes plus
confiderables, que celles def-

---

tium hujufmodi in Italia exiftentium inf-
tituerint.... Nos igitur auctoritate Apof-
licâ, & ex noftrâ fcientiâ approbamus,
& confirmamus . . . . . Putantes autem
non folùm oportunum, fed neceffarium
effe ut cura hujufmodi fpecialiter de-
mandetur, ipfeque Mons & ejus Mi-
niftri, & Officiales proprium habeant
Protectorem ; Francifcum Cardinalem
fanctæ Crucis Generalem Protectorem &
defenforem, auctoritate &fcientiâ fimili-
bus, per eafdem præfentes conftituimus &
deputamus ..... Datum Romæ anno 1539.

D

tinées aux Pauvres. Ils expo-
serent leurs vûes au Pape Jules
III. qui par sa Bulle approuva
& autorisa leur dessein. » Nos
» bien-aimés les Administra-
» teurs (dit ce Pape) [*q*] nous

Breve Julii Papæ tertii.

[*q*] Dilecti filii Rectores . . . . Nobis
nuper exponi fecerunt, post quam in dictâ
Civitate Mons Pietatis in maximum pauperum solamen & refrigerium institu-
tus, & in illo aliquot scuta millia per
particulares illius cives, cum emolumento quinque pro centenario in Ministrorum inibi deservientium sustentationem,
convertendo piè collata etiam cum Sedis
Apostolicæ auctoritate fuerant. . . . Tan-
dem multitudine populi ipsius Civitatis
in dies non mediocriter crescente , cum
pariformiter egenorum numerus augere-
tur , nec crebris illorum necessitatibus,
ob exiguum Montis peculium, facilè sub-
veniri posset. . . . . . Dicti Rectores Ordinarunt . . . Quòd quicumque pecunia

» ont repréſenté, que le Mont
» de Pieté aiant été principa-
» lement établi pour le ſoula-
» gement des Pauvres ; & des
» Particuliers charitables y
» aiant en outre, ſous l'auto-
» rité du Saint-Siége, porté
« quelques milliers d'écus,
» dont l'interêt à cinq pour
» cent ſervît à l'entretien, &

---

deponeret, pro illarum emolumento quatuor pro centenario ab eodem Monte vel
ejus Præſidentibus annuatim reciperet,
omniaque & ſingula prædicti Montis
bona illi pro ſua cautelâ, & præmiſſo-
rum obſervatione obligata forent, & eſſe
cenſerentur... Nos conſiderantes illos qui
ſoliti ſunt pecunias ſuas in negociorum
aliquam honeſtatem aut emptionem prædiorum convertere, dummodò aut mer-
ces promptas, aut prædia ad emendum
parata habeant ; quique in futurum de-

» au paiement des Officiers ,
» & Commis. D'ailleurs le
» nombre des Habitans de
» cette Ville croiſſant conſide-
» rablement de jour en jour ,
» ainſi que celui des Pauvres ,
» dont les beſoins multipliés
» ſurpaſſent les fonds actuels
» du Mont de Pieté... Leſdits
» Adminiſtrateurs ont ſtatué ,

poſſent , & qui hactenùs depoſuerint
in Monte Pietatis , nullatenùs intentio-
nem fœnerandi habuiſſe & habere , ſed
potiùs ex charitate in pauperes motos
fuiſſe , & moveri ; eorumdem bonam in-
tentionem agnoſcentes ,) & hujuſmodi
ſupplicationibus inclinati , decretum &
ordinationem præfatam approbamus , &
confirmamus ; nec non Fidelibus ipſis ,
qui pecunias ſuas de facili & commodè
in emptionem annuorum redituum , ſive
cenſuum licitorum , vel prædiorum ex
quibus non ſolum quatuor , ut permitti-

» que celui qui apporteroit une
» fomme au Mont de Pieté,
» en retireroit quatre pour
» cent par an , & qu'il auroit
» pour fureté , tous & chacuns
» les biens dudit Mont de Pie-
» té... Nous confiderant, que
» ceux qui ont coutume d'em-
» ploier leur argent à un négo-
» ce honnête , ou en achat

tur ; fed etiam quinque & fex , & for-
fan ultrà pro centenario percipere pof-
fent, & nihilominùs charitativo zelo, ut
uberiùs dictis pauperibus fubveniri pof-
fit , ac nullatenùs animo & intentione
fœnerandi , pecunias in dicto Monte poft
ipfum Decretum depofuerunt , & in pof-
terum deponent , quique illas accipient ,
ut id illis ad rationem quatuor pro centenario facere liceat; nec non conditionibus
& cautelis licitis , & honeftis , ac facris
Canonibus non contrariis uti , ac fruc-
tûs dictarum pecuniarum ad eamdem

» d'héritages , lorfqu'ils en
» trouvent l'occafion, retirent
» un égal ou même un plus
» grand avantage de l'emploi
» qu'ils en font fur le Mont de
» Pieté , pourvû qu'ils s'y por-
» tent par des motifs purs , &
» par le feul defir de foulager
» les Pauvres , Nous ne pou-
» vons que louer cette pieufe
» intention ; & touché des
» prieres des Adminiftrateurs,
» Nous ap rouvons , & con-

---

rationem folvere , exigere , & recipere ,
abfque ullo confcientiæ fcrupulo, feu
Cenfurarum incurfu , liberè & licitè
poffint & valeant , Apoftolica auctoritate, tenore præfentium , decernimus &
declaramus ; ac illis plenam & liberam
licentiam & facultatem concedimus , &
indulgemus. Datum Romæ fub annulo
Pifcatoris die 8. Jannuarii 1555.

» firmons leur Reglement, ou
» Statut ; & ayant égard à
» ceux qui pourroient faire de
» leur argent un emploi plus
» lucratif, qui leur rapporte-
» roit cinq & six pour cent par
» an, & même au-delà, & qui
» néanmoins, par un zéle cha-
» ritable pour les Pauvres, &
» sans aucun motif usuraire,
» ont déja porté, ou porteront
» dans la suite leur argent au
» Mont de Pieté ; aiant pareil-
» lement égard aux Adminis-
» trateurs qui le recevront à
» quatre pour cent, Nous per-
» mettons de suivre, & d'exe-
» cuter ces Statuts, & leurs
» clauses honnétes, licites, &
» conformes aux Saints Ca-

» nons ; en conféquence nous
» accordons pleine, & entiere
» liberté aux uns de paier, aux
» autres d'exiger & de rece-
» voir, fans aucun fcrupule,
» ni aucune crainte de cenfure,
„ l'interêt de cet argent à qua-
„ tre pour cent ; & afin de
„ donner plus de force à ces
„ Statuts, nous y mettons, par
„ ces préfentes, le fceau
„ de l'Autorité Apoftolique.
„ Donné à Rome fous l'An-
„ neau du Pécheur, le 8 Jan-
„ vier 1555.

CES privileges ont été dans
la fuite appliqués au Mont de
Pieté de Rome ; & pour les
augmenter de plus en plus, le
Pape Pie IV. en 1569. abré-
gea

gea les affaires contentieuses où le Mont de Pieté de Rome pourroit être intéressé ; il ordonna qu'il n'auroit désormais d'autre Juge, que le Cardinal Protecteur. [r]

L'AN 1563. le Concile de Trente (Session XXII.) a

Concessio Pii Papæ IV.

[r] CUM, sicuti accepimus, Mons Pietatis de urbe, ob lites & quæstiones, ad diversa urbis Tribunalia occasione Locationum, Censuum, Donationum .... Tam in agendo quàm in defendendo jugiter implicitus existat, & quàm plurima damna, & incommoda patiatur. . . . Harum seriem ad nos advocamus, ac dilectum filium nostrum Rodulphum Pium Episcopum Portuensem S. R. E. Cardinalem de Carpo modernum , & pro tempore existentem Protectorem ejusdem Montis Pietatis, Judicem ordinarium, & perpe-

E

autorifé les Monts de Pieté. Il
les met au nombre des Lieux
Pieux [s]; & parmi ces Lieux
facrés dont il défend d'ufurper
ou de s'approprier les biens,
droits, fruits, émolumens,
&c [t]. Ce Concile n'auroit pas

---

tuum ad prædictas caufas civiles, & etiam
criminales. . . . Ad Montem Pietatis per-
tinentes . . . . . Auctoritate Apoftolica
tenore præfentium perpetuò conftituimus
& deputamus. Datum Romæ, die 19.
Septembris 1560.

Concilium Tridentinum, *Cap. 8.*

[s] Hofpitalia, Collegia quæcumque
ac confraternitates laicorum ... Eleemo-
fynas Montis Pietatis, five Charitatis,
& pia loca omnia, &c.

Cap. 11.

(t) Si quem cupiditas occupaverit, ut
alicujus Ecclefiæ feu cujufvis fecularis,
vel regularis Beneficii, Montium Pietatis

autorifé les Monts de Pieté, s'il n'en avoit eu la même idée que le Concile de Latran.

LE Cardinal Borromée, neveu du Pape Pie IV. depuis Saint Charles Boromée, étoit alors Protecteur du Mont de de Pieté de Rome, déja le plus confiderable de l'Europe. Touché d'un amour tendre pour les Pauvres, il voulut bien revoir lui-même, & corriger les Statuts & la police de ce Mont de Pieté; & il leur donna ce degré de fageffe, & de perfection, où ils font au-

---

aliorumque piorum locorum jurifdictiones, bona, cenfus, &c. ufurpare præfumpferit, feu impedire ne ab iis ad quos jure pertinent, percipiantur ; is, &c.

jourd'hui, & qui ont rendu ce Mont de Pieté si florissant, que non-seulement il est utile aux Commerçans, & aux Pauvres, mais c'est une source, où des Ministres, des Grands Seigneurs, & même des Princes n'ont pas dédaigné de puiser, en y portant des effets & des bijoux précieux.

CE Mont de Pieté n'étoit pas encore au point de grandeur & d'opulence où il a été porté depuis. L'an 1567 Pie V. lui assigna une partie des biens fonds que les Juifs auroient acquis contre la Loi. [u]

Bulla Pii Papæ V.

[u] Nos volentes fraudibus obviare, omnia & quæcumque bona stabilia

Ce Pape partageoit les biens confifqués en deux parts; il donnoit une moitié à l'Hôpital des Cathécumènes de Rome, & l'autre moitié au Mont de Piété, de la même Ville.

POUR augmenter les fonds de ce Mont de Pieté, on a vû qu'il lui avoit été permis d'emprunter à interêt. Les Admi-

---

quæ ad Hebræos pertinere apparuerit, poſt diem præfentis noſtræ. Conſtitutionis, lapfo termino ad vendendum eis præfixo, ab eifdem Hebræis, eorumque dominis, omnique jure penitus abdicamus; atque bona fic abdicata Hofpitali Cathecumenorum de Urbe pro unâ, pro aliâ verò dimidiis partibus Monti Pietatis dictæ almæ Urbis perpetuò applicamus & appropriamus. Datum Romæ, die 14. Februarii 1567.

E 3

niftrateurs s'apperçurent que
les Ufuriers y apportoient leur
argent. Ils remedierent bien-
tôt à cet abus , & ils prierent
le Pape Gregoire XIII. d'autorifer ce qu'ils avoient reglé,
que le Mont de Pieté ne prendroit plus d'argent à interêt ,
que de Négocians, qui au lieu
de mettre leur argent dans le
négoce , pour en tirer de gros
interêts, aimeroient mieux par
charité le mettre dans le Mont
de Pieté à quatre pour cent
feulement ; & c'eft ce que
Gregoire XIII. confirma par
un Bref de 1580. Le même
Pape , en 1584 , attribua au
Mont de Pieté de Rome , le
dépôt des confignations judi-

ciaires. [*x*] Ce qu'il faifoit pour deux raifons, l'une étoit la fureté du dépôt & la fidélité du dépofitaire ; l'autre qui étoit la plus effentielle, fe tiroit de la facilité de recouvrer ces dépôts, lorfqu'ils étoient confiés au Mont de Piéré.

L'AN 1585, SIXTE V. lui fit

Breve Gregorii XVII.

Omnibus & fingulis Romanæ Curiæ Judicibus præcipimus, & mandamus, ut in quibusvis caufis etiam criminalibus, coram eis pendentibus in quâvis inftantiâ, actuale pecuniarum depofitum, fuprà fummam fcutorum quinque, penes ipfum Montem Pietatis, feu illius pro tempore depofitarium, qui fide & facultatibus infignis fit, fieri & deponi mandent. Datum Romæ fub annulo Pifcatoris, die 1 Octobris 1584.

E 4

préfent d'un Palais qu'il paia
fept mille écus Romains [*y*] ;
enfin l'année 16c6 , fes privileges , déja très-confiderables,
furent de nouveau confirmés ,
& augmentés par le Pape Paul
V. (*z*)

---

*Chirografo di Sifto V. fopra la Com-
pra della Cafa per il Monte.*

(*y*) Gio. Berardino Pifcina noftro Com-
miffario Generale , Havendo noi deter-
minato comprare una cafa ad ufo del Monte della Pieta, per foventione de Poveri ,
& avendo digia li deputati di detto
Monte trattato con Clemente Buccellini
di comprare una loro pofta nel Rione di
Ponte,&c. Vi commettiamo che con detti
deputati interveniate alla ftipulatione del
contratto , & à nome noftro promettiate
pagare per tutto l'anno 1586. Il prezzo
di detta cafa , &c. che tale è mente noftra. Il di 20. Decembre 1585. Sixtus
Papa Quintus.

(*z*) LITTERÆ S. D. N. Papæ Pauli V.

L'UTILITE' des Monts de Pieté d'Italie étant reconnue par la raison, & par l'experiance, plusieurs Etats de l'Europe voulurent s'en procurer. On en vit fonder en peu de tems sous differens noms dans toutes les principales Villes. Naples & Milan en avoient déja de fort anciens.

Au commencement du 17e siécle, on en établit dans les Pays-Bas, comme à Bruxelles, à Anvers, à Gand, &c. Voici ce qui leur donna la naissance. L'Archiduc Albert, alors maître des Pays-Bas, y avoit trouvé, à cet égard, les choses

---

datum Romæ apud sanctum Petrum, sub Annulo Piscatoris, die 17. Aprilis 1606.

dans un étrange défordre. Certains Ufuriers, qu'on nommoit Lombards, y prêtoient fur gages à gros interêt ; & pour le faire impunément, ils en obtenoient la permiffion des Gouverneurs , moiennant laquelle il leur étoit permis de prendre jufqu'à trente - trois pour cent. L'Archiduc , pour remedier à un tel abus, réduifit premierement l'interêt des Lombards de trente - trois à vingt-deux pour cent. Cet interêt étant encore exceffif, il forma un projet plus utile.

N'AIANT pû ni fournir luimême , ni trouver dans la charité des autres, les fonds neceffaires , foit pour la conftruction des Maifons, foit pour les prêts, il les emprunta à inte-rêt, & ordonna que, pour paier d'un côté ces interêts, & de l'autre les gages des Officiers, les Emprunteurs paieroient jufqu'à feize pour cent; c'eſt la moitié de ce qu'ils paioient au commencement. L'Archiduc avoit fait affembler à Malines en 1617, les deux Archevê-ques des Pays-Bas, fix Evê-ques, & plufieurs Docteurs. Après un examen ferieux, ils approuverent cet établiffe-ment (*a*), *comme utile à l'Etat,*

____

[*a*] Post ferium examen, licitam hanc rationem cenfuerunt aliquot Belgii Præ-lati, duo nempe Archiepifcopi, & fex

commode aux Pauvres, & aux Indigens, & digne d'éloge par les sentimens aufquels il devoit fa naiffance.

SUR cette approbation, qui eft du 14 Novembre 1619, &

Epifcopi, qui Mechliniæ anno 1617. convenerant ; cumque vir induftrius D. Necellaus Coberger formulam minutatim concepiffet , quâ domus idonea emi , inftrui & pecuniâ comparari atque adminiftrari poffet, ea à quibufdam Prælatis, & Theologis examinata, in præcipuis articulis *tanquam Reip. utilis , pauperibus ac egentibus opportuna , & à Pietate commendabilis probata eft* , 14. Novembris 1619. nec non à Principe, habito confiliorum, & aliorum doctorum virorum judicio, tamquam talis admiffa ; quare etiam quibufdam in locis non fine multorum gratulatione in ufum eft deducta. *Leffius* , Append. ad dubit. 23. cap. 20. lib. 2.

ſur le ſuffrage d'un grand nombre d'autres Canoniſtes, le Prince autoriſa cet établiſſement.

QUELQUES Docteurs les
aiant néanmoins condamnés,
Leſſius, qui étoit un des Ap-
probateurs, ſoutint ce qu'il
avoit fait, & publia un petit
Ecrit qui ſe trouve à la fin de
ſon Livre *de Juſtitia & jure* dans
les dernieres édit.

IL propoſe la queſtion (b) ſi

---

[b] UTRUM principis autoritate poſſit
erigi in aliquo oppido pro Communitate
Mons Pietatis in quo à mutuatariis exi-
gatur non ſolùm quantum preciſè neceſſarium ad expenſas Miniſtrorum Montis,
ſed etiam quantùm ulteriùs neceſſarium
ad ſolutionem penſionum annuarum,
quibus gravatur Mons pro pecuniâ ad
cenſum acceptâ.

„ l'on peut, fous l'autorité du
„ Prince, ériger dans une Vil-
„ le, pour l'interêt des Habi-
„ tans, un Mont de Pieté où
„ l'on exige des Emprunteurs
„ de quoi paier non-feulement
„ les dépenfes précifément ne-
„ ceffaires pour les Officiers
„ du Mont, mais encore ce
„ qui eft neceffaire pour ac-
„ quitter les rentes annuelles
„ dont s'eft chargé le Mont de
„ Pieté, afin de fe procurer
„ des fonds.

IL répond que cela eft permis. Voici les raifons qu'il en
donne : (c) Quiconque gère les

---

[c] RATIO iftius doctrinæ eft. Quia
quicunque gerit negotium aliorum, po-

„ affaires des autres, peut se

---

rest se servare indemnem, præsertim si id faciat publicâ auctoritate. Atqui præfectus Montis, accipiendo pecuniam sub onere censûs ad mutuandum cuilibet è Communitate id petenti, negotium gerit alterius, nempe totius Communitatis, & ex mandato illius agere censetur : non enim in suam utilitatem illam accipit, sed in commodum totius Communitatis & omnium qui pecuniâ, in illâ Communitate, eguerint. Ergo Communitas debet illum servare indemnem solvendo annuas pensiones illorum redituum ; cùmque illa pecunia non ita accepta fuerit in commodum Communitatis, ut directè, & primò prodesset toti Communitati, sed omnibus qui ex illâ Communitate futuri essent in aliquâ pecunæ paratæ inopiâ (quæ cuilibet obtingere potest) æquum erat, ut non ipsa Communitas tota, sed illi soli qui mutuum essent percepturi, ad hanc solutionem concurrerent, sicut etiam hi soli concurrunt ad stipendia Ministrorum.

„conſerver *indemne*, c'eſt-à-
„dire, ſans perte ni domma-
„ge, ſurtout celles faites par
„autorité publique. Or les
„Directeurs du Mont de Pieté,
„en prenant de l'argent à in-
„terêt pour prêter à chacun
„des Habitans, gérent les
„affaires d'un autre, ſçavoir

Ex his planè concludo, non videri dubitandum quin, ſicuti exigi poteſt à mutuatariis (ſervata debita proportione) quantum opus eſt ad integra ſtipendia Miniſtrorum, ita etiam exigi poſſit quantùm opus eſt ad ſolutionem penſionum annuarum quæ debetur ratione redituum, ex quibus conflata eſt pecunia : quæ omnia intelligo ſupponendo quod aliâ ratione pecunia, quæ mutuò detur, haberi nequeat, nec Miniſtris aliâ ratione juſta ſtipendia poſſint perſolvi.

„ de

„de toute la Communauté ,
„ & ce en vertu d'une com-
„miſſion préſumée. Car il ne
„reçoit point cet argent pour
„ſon utilité , mais pour celle
„de la Communauté & de ceux
„qui y auront beſoin d'argent.
„La Communauté doit donc
„l'indemniſer, en paiant ces
„rentes. D'ailleurs cet argent
„n'aiant pas été reçû pour l'a-
„vantage de la Communauté en
„général , mais pour celui des
„Membres qui en auroient be-
„ſoin, il ſeroit juſte que ce ne
„fût pas la Communauté en per-
„ſonne qui contribuât à ce paie-
„ment des rentes ; mais ceux-
„là ſeuls qui contribuent au
„paiement des Officiers. Or les

„Emprunteurs font les feuls qui
„contribuent au paiement des
„Officiers ; donc, *conclue Lef-*
„*fius,* ils doivent auffi feuls con-
„tribuer au paiement ou à l'ac-
„quit des rentes, dont eft char-
„gé le Mont : en fuppofant tou-
„tefois, *ajoute-t'il,* que l'on ne
„puiffe avoir autrement de l'ar-
„gent pour prêter, & qu'il n'y
„ait point d'ailleurs de quoi
„fournir aux frais de régie.

LES Monts de Pieté fe mul-
tiplierent bien-tôt dans les
Pays-Bas, à la fatisfaction des
Peuples. Il y en a à Bruges, à
Ypres & à Lille. Ces derniers
font d'autant plus avantageux,
que les Emprunteurs n'y font
obligés que de donner des ga-

ges, les Fondateurs charitables aiant laiſſé des ſommes,
& pour prêter, & pour fournir aux frais d'adminiſtration.

Les maux auſquels l'Archiduc Albert avoit remédié dans
les Pays-Bas, ſubſiſtent encore actuellemenr en Angle-
terre, où il y a des Bureaux de
prêts uſuraires, ſous le titre de
Pawn-Brokers, où l'on prend
trente pour cent d'interét, &
que le Gouvernement tolére
par néceſſité. Ces *Pawn-Bro-*
kers ont ſuccedé à un faux
Mont de Pieté qui avoit été
établi vers l'année 1726, ſous
le titre de *Charitable Corpora-*
tion, où l'on prenoit dix pour
cent par an. Il n'a ſubſiſté que

cinq à fix ans , parce que , ne
pofant pas fur des fondemens
fermes & folides , & fon adminiftration n'étant ni fage
ni bien entendüe , ces vices interieurs l'ont détruit
en peu de tems. Il ne ref-
fembloit que de nom aux
Monts de Pieté de l'Italie , de
Flandres , & de France , qui ,
depuis leur origine,ont fubfifté
jufqu'à préfent , par ce que le
plan en étoit bien concerté , &
l'adminiftration fidèle & régu-
liere.

Nous ne parlons pas des
Monts de Pieté d'Efpagne ,
quoiqu'en grand nombre. Il
eft vrai que les Pauvres y trouvent un fecours gratuit ; mais

ce n'eſt que pour de très-peti-
tes ſommes , attendu la mo-
dicité des fonds de ces Monts
de Pieté.

LES Villes de Nanci, Sedan,
& Arras formerent auſſi des
Monts de Pieté, que le Roi
Louis XIII. confirma & autoriſa en 1615. Dans celui
d'Arras , qui ſubſiſte principalement pour l'avantage du
Commerce, & qui n'a preſque
point de fonds , on prend
quinze pour cent par an , tant
pour l'interêt de l'argent qui
eſt dans la Caiſſe , que pour les
frais de régie.

ENFIN Louis XIII. voulut
en ériger dans tout le Roiaume ; & en créant, par ſon Edit

de Février 1626, des Offices
de Commissaires Receveurs
des deniers des Saisies Réelles, il leur ordonna [*d*] de

ÉDIT DU ROI
Du mois de Février 1626.

Enregistré au Parlement le 6 Mars suivant.

[*d*] Art. 30. Nous Voulons & Ordonnons
que lesdits Commissaires Receveurs dres-
sent un Mont de Piété chacun au lieu de
sa demeure : auquel Mont il sera loisible
à toutes sortes de personnes de prêter
au denier seize ou moindre intérêt, & à
ceux qui auront besoin d'être secourus,
d'emprunter desdits Commissaires Receveurs par obligation, ou sur gages, pour
la sûreté du prêt, telles sommes de
deniers qui leur seront besoin, sans
prendre plus grand intérêt qu'au denier seize, sinon en cas qu'ils eussent
correspondance pour Lettres de Change,
qu'ils en pourront tire au denier douze,
sans être estimés Usuaires, & ce des
Lettres de Change seulement.

dresser un Mont de Pieté , chacun au lieu de sa demeure, » où ils pourroient prêter sur » gages, au denier seize (c'é- » toit alors le taux de l'Ordon- » nance) & même au denier » douze , en ce qui concer- » neroit les lettres de change » seulement, & ce sans être » estimés usuraires.

LE même Edit créa l'Office de Directeur Général des Monts de Pieté , pour donner l'ordre de cet établissement, & avoir l'œil à ce qu'il ne s'y commît aucun abus. Le Roi permit de prendre sur les prêts de quoi paier les droits, frais , salaires , & vacations du Directeur , de ses Commis , &c.

LE but de cet établissement étoit , comme dans les autres Monts, *de soulager toutes sortes de personnes* , & particuliere-ment les plus pauvres , „ lef-
„ quels faute de caution , ne
„ peuvent (dit ce Prince) trou-
„ ver leur commodité qu'à gran-
„ de perte, & usure. L'Edit fut enregistré au Parlement le 6 Mars suivant , & en la Cour des Aydes le 28 Juin 1627.

CES Monts de Pieté ne pou-voient procurer que de foibles secours , étant bornés , soit dans la quantité , soit dans la durée des prêts. D'un côté la Caiffe des Commiffaires n'é-toit pas affez riche; d'un autre, les Commiffaires ne pouvoient l'avoir l'ouvrir qu'en tremblant ; car l'Edit leur enjoignoit de » régler si bien leur tems, qu'ils » n'obligeaffent point les Par- « ticuliers à attendre le paie- » ment de leurs deniers , après » les Arrêts, Sentences d'ad- « judication , & Mandement » d'Ordre.

ON reconnut bien-tôt l'im- poffibilité de faire , avec le même fonds , une Caiffe des Saifies Réelles, & un Mont de Pieté; & le principal l'em- portant fur l'acceffoire, Louis XIII. par une Déclaration du 14 Mars 1627 , qui reftrai- gnoit ou modifioit plufieurs ar- ticles de l'Edit, défendit (art. XIX.) aux Commiffaires-

Receveurs de faire aucun établiſſement de Mont de Pieté,
juſqu'à ce que par Sa Majeſté
autrement en eût été ordonné.

CETTE Déclaration n'avoit
que ſuſpendu les Monts de
Pieté chez les Commiſſaires
aux Saiſies Réelles. Une autre
Déclaration du 22 Juin 1627,
leur porta le dernier coup , &
les retrancha de l'Office de ces
Commiſſaires ; ainſi périrent
dès leur naiſſance ces Monts
de Pieté , par les circonſtan-
ces de leur établiſſement, qui
rendoient neceſſairement ari-
de , & ſtérile la ſource , où le
Roi permettoit de puiſer ; mais
ce vice, dans la forme, ne chan-
geoit point la nature desMonts

de Pieté, qui infiniment utiles en eux-mêmes, ont fubfifté partout ailleurs, depuis
leur origine, parce que l'on
n'y commettoit point, comme
dans ceux-ci [ƒ], les devoirs
de la charité, avec les droits
de la Juftice.

Au commencement du rè-
gne de Louis XIV. on propofa d'en établir à Paris, &
dans les principales Villes du
Roiaume. Le Roi en accorda

[ƒ].... SANS que lefdits prêts puiffent
retarder en façon quelconque la refti-
tution des deniers qui feront mis ès mains
de nofdits Commiffaires Receveurs, pour
être délivrés aux perfonnes à qui il fera ordonné après les Arrêts, Sentences
d'Adjudications, & Mandemens d'ordre
délivrés, *art.* 31.

le Brevet au Chevalier Baltazard Gerbier. Les Lettres Pa-
tentes en furent expédiées au
mois de Septembre 1643. Le
Souverain y expose d'abord
les motifs puissans qui l'ont
déterminé. » Les Rois nos
» prédécesseurs pour remédier
» aux grands dommages, que
» la secrete pratique des usures
» causoit à leurs sujets, ont par
» plusieurs Edits & Ordon-
» nances, imposé des peines à
» ceux, qui faisoient ce trafic
» illicite de prêter argent à ex-
» cessif interêt. Nous voulons
» aujourd'hui, étant animé du
» même zéle, & persuadé par
» une même raison, employer
» tous efforts de notre autorité

,, Roiale, pour renverſer tout
,, à la fois, & les fondemens,
,, & les Miniſtres de cette per-
,, nicieuſe pratique d'uſure,
,, qui s'exerce dans les princi-
,, pales Villes de notre Roiau-
,, me ; & d'autant que le tra-
,, fic de l'emprunt, & du prêt
,, de l'argent, eſt très-utile,
,, & très-néceſſaire dans nos
,, Etats, & terres de notre
,, obéiſſance, tant pour l'exe-
,, cution des affaires publiques,
,, que pour la conſervation par-
,, ticuliere des Maiſons, & des
,, familles, qui ne s'entretien-
,, nent que par la liberté de ce
,, commerce. Nous avons ju-
,, gé à propos d'en jetter de
,, juſtes, & ſolides fondemens,

,, l'établir, & en laiſſer l'uſage
,, libre à tous nos Sujets ,
,, à droits moderés & licites,
,, ſans courre aucun hazard , ni
,, dommage ; & à cet effet
,, Nous ſervant des propoſi-
,, tions, qui nous ont été fai-
,, tes d'ériger des Monts de
,, Pieté , qui ſont des lieux pu-
,, blics, & deſtinés au prêt de
,, l'argent , dont on peut avoir
,, beſoin, tant en notre bonne
,, Ville de Paris , que dans les
,, autres principales de notre
,, Roiaume, par le Chevalier
,, Baltazard Gerbier , & ſes
,, Aſſociés, pour pourvoir à
,, l'établiſſement deſditsMonts
,, de Pieté , à l'exemple de
,, ceux qu'on a érigés depuis

,, long-tems à Rome , & en
,, plusieurs autres lieux de la
,, Chreſtienté , afin , que par
,, ce moien utile au Public , &
,, convenable au tems, chacun
,, y trouve un ſoulagement
,, dans les plus grandes neceſ-
,, ſités , aboliſſant de cette
,, ſorte , & le pernicieux trafic
,, des Uſuriers , & le criminel
,, uſage des Uſures , qu'on y
,, rend arbitraires à la ruine des
,, pauvres familles.

,, APRE's avoir conſideré
,, l'interêt public , qui nous
,, touche ſenſiblement dans
,, l'utilité qu'un chacun y peut
,, trouver , en diverſes ren-
,, contres, au plus fort de ſes
,, neceſſités ; Comme auſſi l'a-

„ bolition des Ufures, qui de
„ droit divin, & humain font
„ condamnées ; & davantage
„ encore le bien particulier,
„ qui en peut revenir en notre
„ Etat , dans un libre & jufte
„ commerce de prêt d'argent,
„ pour terminer aux occafions
„ nos plus importantes affai-
„ res. Confiderant d'ailleurs
„ que les plus neceffiteux y
„ trouveront leur foulagement
„ particulier, en ce qu'il leur
„ fera prêté jufqu'à un écu fans
„ qu'ils payent aucun *interêt*.
Vient enfuite le Difpofitif.

„ A ces caufes, &c. Nous
„ avons établi & établiffons
„ des Monts de Pieté en notre
„ bonne Ville de Paris, com-

„ me aussi dans toutes les
„ principales Villes de notre
„ Roiaume, à sçavoir Calais,
„ Abbeville, Amiens, &c. [g]

Le Souverain veut que l'on
retire de ces Monts de Pieté
tous les avantages possibles.
„ Désirant aussi que dans tou-
„ tes les Villes où lesdits
„ Monts seront établis, les
„ Marchands y puissent trou-
„ ver notables sommes d'ar-
„ gent pour éviter la honte, &
„ le dommage des saisies exé-
„ cutions, ventes de leurs
„ biens à vil prix, & même les
„ banqueroutes, où ils peu-
„ vent être réduits, faute d'un

(g) Ces Villes sont au nombre de 58.

„ prompt fecours, fe trouvant
„ contraints (à jour précis)
„ d'acquitter plufieurs lettres
„ de change, fans avoir le
„ tems de débiter en dé-
„ tail leurs marchandifes ; Les
„ Marchands, leurs Facteurs
„ ou Commis, ayant payé nos
„ droits, pour leurfdites mar-
„ chandifes, les peuvent fai-
„ re tranfporter dans lefdits
„ Monts, pour y emprunter
„ à leurs neceffités les fommes
„ d'argent dont ils auront be-
„ foin, à proportion de leur va-
„ leur, & en attendant la fai-
„ fon de leur débit, comme il
„ fe pratique en d'autres lieux.

Le Mont de Pieté de Paris
devoit prêter aux Pauvres gra-

tuitement jufqu'à un écu. A
l'égard de ceux à qui on prê-
toit des fommes plus fortes,
Louis IV. avoit ordonné qu'on
n'exigeroit d'eux, que trois
deniers pour livre par mois :
(c'eft-à-dire quinze pour cent
par an), & que l'on prendroit
moins dans la fuite, à mefure
que les frais diminueroient ;
„ & parce que Nous avons été
„ informé que dans le premier
„ établiffement qui a été fait
„ en diverfes Provinces de la
„ Chreftienté des Monts de
„ Pieté, on s'eft trouvé con-
„ traint, pour leur donner un
„ folide fondement, de pren-
„ dre trois deniers pour livre
„ par mois, à caufe des gran-

,, des avances de deniers qu'il
,, étoit convenable de faire
,, tant pour l'achat des mai-
,, fons, frais des bâtimens,
,, des magafins voutés, où
,, toutes fortes de gages font
,, mis en dépôt, que pour
,, paier le falaire journalier des
,, Officiers defdits Monts,
,, l'interêt de tout l'argent
,, qu'ils emprunteront, & ce-
,, lui même qui demeure inu-
,, tile dans la Caiffe : & pour
,, ces raifons fi juftes, & fi
,, néceffaires, Nous approu-
,, vons, avec d'autant plus de
,, raifon, ce prêt d'argent fur
,, gages à trois deniers pour
,, livre par mois, ainfi qu'on
,, fait les autres Monts de Pie-

,, té en leur premier établisse-
,, ment, que lefdits Expofans
,, ménageront, comme dit eft,
,, aux Pauvres de notre bonne
,, Ville de Paris, prêt d'argent
,, fur gage gratuitement. Et
,, Nous laiffons encore le foin
,, particulier aux Protecteurs,
,, & Surintendans Généraux
,, defdits Monts, de le diminuer
,, à l'avenir, à l'exemple de
,, l'ordre que tous les autres
,, Monts ont obfervés, & le
,, réduire au prix le plus mc-
,, deré qu'il fera poffible, tant
,, pour le foulagement des
,, Néceffiteux, que pour faire
,, fubfifter lefdits Monts.

AFIN d'augmenter les fonds,
ce Prince leur permet de pren-

dre de l'argent à conſtitution,
au denier de l'Ordonnance. [i]
„ & comme il eſt très-nécef-
„ ſaire qu'il y ait un fonds ſoli-
„ de dans leſdits Monts de
„ Pieté, d'une notable ſomme
„ d'argent, afin que le com-
„ merce du prêt ſoit continuel,
„ & ordinaire, Nous donnons
„ pouvoir, & liberté à toutes
„ perſonnes, ſoit Eccléſiaſti-
„ ques, Nobles, ou Rotu-
„ riers, de mettre leur argent
„ à rente, ou interêt dans leſ-
„ dits Monts, à la raiſon por-
„ tée par nos Ordonnances.

Le Roi approuve, & auto-
riſe d'autant plus ce pieux, &

____

(i) C'étoit alors le denier 18.

lonable projet, qu'il *abolira l'Ufure des Prêteurs d'argent fur gages, les extorfions, & femblables abus, qui ne tendent qu'à incommoder les Riches, & à ruiner tout à fait les Pauvres.*

MAIS ce Projet fi grand, & fi beau en apparence, avoit des vices intérieurs, qui le firent échouer. Outre fon exceffive étendüe, qui en rendoit l'exécution très-difficile, & peut-être impoffible, il n'étoit d'ailleurs ni bien concerté, ni bien digéré. L'exécution en étoit fufpecte, & peu fûre, la fidelité de l'adminiftration n'étant fondée que fur le ferment de ceux qui étoient emploiés. Au lieu que cette fidelité doit être principalement tirée de la sageſſe des Statuts, & de la poliee, & de l'art heureux de lier les differens Membres de ce Corps, par une correſpondance mutuelle, qui les faſſe dépendre néceſſairement les uns des autres. De pareilles précautions donnent d'autant plus de force au ferment, qu'elles font paſſer l'envie même d'être parjures. De la maniere que les hommes font faits, pour être fûrs de leur probité, il faut moins compter ſur leur volonté de faire le bien, que ſur leur impuiſſance à faire le mal.

D'AILLEURS les Auteurs du Projet de 1643. pouvoient connoître

connoître les Statuts, & les
Loix des principaux Monts de
Pieté de l'Europe ; mais pour
faire jouer habilement, & facilement tous les reſſorts de
cette grande machine, il fal-
loit, outre l'étude du Mécha-
niſme, avoir conſideré, avec
des yeux obſervateurs, la machine en mouvement ; & l'on
peut avancer qu'un Projet de
Mont de Pieté ne ſera jamais
bien imaginé, ni parfaitement
exécuté, qu'en y obſervant,
autant qu'il ſeroit poſſible, la
Police & les Loix de celui de
Rome ; Loix les plus parfaites
de toutes, étant l'ouvrage d'un
Cardinal diſtingué par ſa Sain-
teté, & par ſes lumieres.

Il est à observer que les Monts de Piété autorisés par Louis XIV. en exigeant 15 pour cent des sommes prêtées paroissoient prendre un interêt trop considerable, & en quelque façon favoriser les Entrepreneurs ; ce qui n'a jamais été l'intention des Papes, ni le vœu des Conciles Generaux. Car les Monts de Piété ne sont permis par les Loix Canoniques, qu'autant qu'ils ne font absolument aucun gain. Ils ne peuvent prendre que le dédommagement des frais indispensables. D'ailleurs, il est certain qu'un Mont de Piété ne pourroit être avantageux au public, qu'étant dirigé

& conduit par une perſonne bien inſtruite de ces ſortes d'établiſſemens , intelligente & capable de les ſoûtenir à beaucoup moins de frais , & avec un dédommagement moitié plus petit, que celui des Monts de Piété établis par Louis XIV.

C'eſt la vraie cauſe pour laquelle nous ne voions pas que, depuis 1643, il ait été propoſé d'établir des Monts de Piété en France , qnoique les avantages en ſoient ſenſibles & reconnus. Car l'uſure que l'on avoit voulu l'y attacher , n'eſt plus qu'une chimere pour des gens inſtruits. Les Monts de Piété ont été vangés de cette injure par l'approbation, & la confirmation de deux Conciles Generaux, & d'un grand nombre de Souverains Pontifes, par le fentiment des plus fameux Théologiens & Canoniftes, anciens & modernes, Etrangers & François, qui ont détruit avec tant de force les raifons de ceux qui prétendoient que les Monts de Piété étoient ufuraires.

CEPENDANT il y a encore des confciences délicates, où il refte des nuages. Mais comme ces nuages viennent de ce qu'elles n'ont pas des notions bien juftes ni bien claires, l'on a cru devoir joindre ici quelques reflexions fur le carac-

tere des Monts de Piété, &
fur la nature des droits qu'on
y perçoit. On le fait, moins par
la néceffité du fujet déformais
iftvulnérable , que par confi-
dération pour ces perfonnes ,
moins pour détruire des objections, que pour guérir des
fcrupules.

L'USURE, en général, eft
un excédent du capital , un
excédent du prêt ; mais tout
excedent d'une fomme prêtée
n'eft pas pour cela ufuraire.
De-là deux fortes d'interêts ,
interêt permis , & interêt défendu. L'interêt défendu, qu'on
appelle ufuraire , ou fimple-
ment ufure , eft le profit que
l'on retire d'un capital , d'un

prêt *Lucrum ex mutuo* (Inno-
nocent. In fuo Appar, lib. v.
tit. de Ufuris, cap. 1. & S. An-
ton. 2. p. tit. 1. c. 7. §. 1.)

QUE fi cet excedent du capital n'eft pas un pur gain, mais
un dédommagement, une compenfation , il n'eft pas ufure ;
c'eft un interêt permis. Ainfi
l'interêt lucratoire & de pur
gain, eft illicite. L'interêt compenfatoire & d'indemnité eft
licite, parce qu'il ne fait pas
gagner , mais qu'il empêche
feulement de perdre ; étant le
dédommagement de ce qui
étoit légitimement dû, & qui
auroit été perdu fans cette
compenfation. Telle eft la
diftinction que mettent les Ju-

risconsultes & les Canonistes
entre ce qui est ou n'est pas
usuraire. Nous nous contente-
rons de citer un très-célébre
Canoniste, qui a assisté au Concile de Trente , & dont les
talens & la solidité d'esprit
sont universellement reconnus. *Covarruvias* distingue di-
sertement en deux sortes d'interêts, & il condamne l'un en
approuvant l'autre. *Usuras com-
pensatorias omni jure licitas esse,
quia dantur in recompensationem
ejus quod justè competebat & de-
bitum erat eas recipiendi, quod-
que ipse justissi mè habiturus esset.*
L. III. c. 4. n. 2. Il cite *Bald.*
in leg. 1. cod de distr. pign.
Paul. & Salicet. Il est inutile

d'ajouter que c'eſt auſſi la Doctrine expreſſe de Dumoulin.

De-là, ſelon les Canoniſtes,
& même les Caſuiſtes, deux
cas où il eſt permis de tirer
l'interêt de l'argent; c'eſt lorſque le prêt eſt cauſe, ou que
l'on perd un profit légitime,
ou que l'on ſouffre quelque
dommage. C'eſt ce qu'ils appellent *Lucrum ceſſans, & dam-
num emergens.*

Titius, par exemple, eſt
près de placer une ſomme
d'argent à conſtitution de rente, en achat d'heritage ou de
marchandiſes, qui lui rappor-
teront un revenu certain, ou
un profit légitime. S'il prête
cette ſomme à Marius qui en

à befoin , il fe prive de ce profit légitime. Marius eft la caufe
de cette perte dont Titius l'a-
vertit. Il eft jufte qu'il dé-
dommage Titius , en paiant
l'interêt reglé par le Souverain. C'eft le cas du Bref
de Jules III. rapporté ci-
deffus; cet interêt n'étant permis, que quand celui qui prête
a une occafion (a) préfente
de faire un emploi utile &
lucratif. Car fi cette occafion
étoit éloignée , comme alors
l'argent refteroit oifif dans le
coffre de Titius, fans lui pro-

---

[a] Dummodd , *dit ce Bref*, aut merce
promptas , aut prædia ad emendum parata habeant.

I

curer aucun profit, il ne pourroit retirer aucun interêt de
cet argent prêté, puifque le
prêt ne lui feroit perdre aucun
gain réel & certain. L'interêt
feroit ufuraire; puifqu'alors ce
feroit un interêt lucratoire, un
pur gain tiré du prêt, *lucrum
ex mutuo*.

POUR exemple du fecond
cas; Pierre paie une rente oné-
reufe. Il vient d'amaffer des
deniers fuffifans pour la rem-
bourfer. S'il les prête, il demeure chargé de la rente qu'il
alloit éteindre. L'emprunteur
eft caufe de ce dommage.
Pierre le lui déclare, afin que
l'emprunteur délibère fur le
parti qu'il veut prendre. L'in-

terêt alors eſt encore permis, à cauſe du préjudice qu'en ſouffriroit Pierre.

D'ᴀᴘʀᴇ's ces notions, il eſt aiſé de juger que l'interêt de l'argent prêté eſt uſuraire, lorſque cet argent étoit oiſif, & ſans aucune occaſion d'emploi ; parce qu'alors on veut faire un gain avec cet argent: & que cet interêt eſt licite, lorſque l'on veut, non pas gagner, mais ſeulement ne point perdre. C'eſt ſur le fondement de cette diſtinction , que les Loix veulent que les interêts d'une ſomme prêtée , d'une obligation , courent du jour de la demande; que les interêts de la dot ſoient dûs, même

fans demande judiciaire, &c.
Ceux qui ont les fcrupules les
plus délicats, n'ont jamais
prétendu que ces intérêts fuf-
fent ufuraires, parce qu'ils ont
vû que les Loix ne les avoient
ordonnés ou autorifés, qu'en
ce qu'il s'y trouvoit ou un
dommage réel, ou la privation
d'un profit légitime & certain. Les intérêts d'une fomme prêtée ne courent du jour
de la demande, que parce que
le débiteur n'aiant point fatis-
fait à l'échéance, (b) eft alors

(b) Non propter lucrum petentium,
fed propter moram non folventium in-
figuntur. Leg. cum quidam, §. fi pupil-
lo in fin. de Ufur. *Du Moulin*, *Tr. de*
Cent. Ufur. n. 540.

en demeure. C'est la punition du débiteur négligent ou de mauvaise foi ; & en même tems l'indemnité, que la Loi accorde au creancier, pour le retard du paiement. La Loi forme alors une espece de Contrat entre le creancier & le débiteur : elle ajoûte à l'obligation pure & simple, (c) une autre obligation plus étendûe, qui sert en même tems à punir l'un, & à dédommager l'autre. Le creancier avoit calculé le tems qu'il pouvoit se priver de son argent sans s'incommoder. Si on lui manque, on lui fait pré-

____

[c] Non solet sententia novare obligationem, sed potiùs adjicere. L. *Aliam. ff. de novat.*

judice, & dès-lors, pour l'indemnifer, l'équité veut que l'on ajoute quelque chofe au capital, ou à la fomme prêtée, parce que celui qui paie trop tard, paie moins. *Minùs folvit qui tardiùs folvit.*

Ainfi les interêts de la dot courent du jour du mariage, parce que cette dot aiant été donnée pour foutenir les charges du mariage, elle ne peut remplir cette fin qu'en produifant des fruits, ou naturels ou civils. Cet interêt n'eft pas un gain pour les nouveaux époux; ce n'eft qu'un moien de les dédommager, & de les empêcher de perdre. On peut encore regarder le jour de la

célébration, comme l'échéance, ou le terme du paiement
de la dot. L'acte de la célébration est, pour ainsi dire, le ju-
gement qui met en demeure
les parens, ou tout autre qui a
constitué la dot. Il doit donc
souffrir la peine d'une négligence, qui est d'ailleurs pré-
judiciable à la personne qui n'a
point touché les deniers do-
taux qu'on lui avoit promis.

En parcourant toutes les autres especes où les Loix ac-
cordent l'interêt de l'argent dû
ou prêté, on verra que la légitimité de cet interêt se tire
toujours de l'une de ces deux
causes, ou d'un profit cessant,
ou d'un dommage naissant;

bien entendu que l'un & l'autre soient réels & certains. Cet intérêt, loin d'être usuraire, est au contraire ordonné par la Loi naturelle, & par l'Équité, mere des Loix, afin que le débiteur ne profite pas de sa négligence ou de sa mauvaise foi, & parce que rien ne seroit plus injuste que de profiter aux dépens d'autrui.

Appliquons ces principes aux Monts de Piété, & voions quelle est la nature, ou l'objet de l'intérêt qu'on y retire des emprunteurs, si c'est un intérêt lucratoire, ou simplement un intérêt compensatoire & de dédommagement.

Les Monts de Piété font une

caiſſe publique, où les pauvres
& d'autres citoiens peuvent
emprunter de l'argent ſur des
gages , & à peu de frais, ſans
être obligé d'avoir recours à
des uſuriers qui les ruineroient
par des interêts énormes. Ces
établiſſemens exigent néceſſairement deux choſes. 1°. Des
fonds dans la caiſſe qui circu-
lent perpetuellement dans le
public. 2°. Des Officiers, Pré-
poſés & Commis, ſoit pour dis-
tribuer aux Citoiens, ou en recevoir les ſommes emprun-
tees, ſoit pour recevoir, garder & rendre les effets donnés
en nantiſſement. Enfin dans
l'origine de ces établiſſemens,
il faut conſtruire des Edi-

fices affez vaftes pour y placer les differens Bureaux , Salles d'affemblées , &c. & pour contenir en outre tous les effets depofés qui font d'autant plus précieux , & en plus grand nombre , que les Monts de Piété a des fonds plus abondans. Il faut en même tems que ces édifices foient affez fûrs pour mériter toute la confiance du public , par rapport à la garde , & confervation des effets.

1°. A l'égard des fonds de la caiffe , ils peuvent venir de deux fources ; de la charité des fideles qui s'uniffent , & forment une maffe d'argent pour être emploié aux befoins

des pauvres, ou des Citoiens
mal aifés. C'eft ainfi que fe font
formés les Monts de Piété de
Peroufe , de Cefène , de Bo-
gne; & plufieurs autres en Italie.

TELLE eft l'idée originaire &
primitive des Monts de Pieté.
Sic vocant , dit Dumoulin (Tr.
des Contr. ufur. n. 581.) *In*
multis Italiæ locis , pecuniam ex
privatorum eleemofynis coacer-
vatam in unum cumulum perpe-
tuò ad ufum pauperum deputatum,
ut eis mutuaretur fub levi ufurâ ,
ad evitandum graves & præfo-
cantes ufuras Judæorum.

LA feconde fource eft com-
pofée des fonds , que fournif-
fent differens particuliers d'une
Ville , non à titre de prêt, mais

en prenant du Mont de Pieté
des Contrats de Conftitution,
ou des Actions quil eur procurent l'interêt de l'argent qu'ils
donnent. On fent la difference
de ces deux fources. La premiere avoit pour motif la charité Chrétienne la plus étendûe, & la plus gratuite. La
feconde a pour motif l'humanité qui fecoure l'indigent,
mais fans s'oublier elle-même.
La premiere fource remplit la
caiffe fans aucuns frais. La feconde la remplit avec des
frais néceffaires, fçavoir les
interêts des fommes fournies.
Cette diférence dans les caufes
en produira néceffairement

dans les effets, & les premiers
Monts de Piété répandront
leurs bienfaits plus libérale-
ment que les seconds; de sorte
que si les pauvres sont secourus gratuitement dans les premiers, ils ne pourront l'être
dans les seconds, qu'en sup-
portant les dépenses avec les-
quelles on entretient la caisse.

2°. Mais ces fonds ne peuvent circuler dans le public,
qu'avec le secours ou par le
moien d'une infinité de mains
qui dirigent ou qui executent
les opérations. De-là plusieurs
Officiers, Préposés, Commis
nécessaires, soit pour la caisse,
soit pour les magazins ou dé-

pôts; ce qui exige des dépenfes inévitables pour les hono-
raires des uns, pour les gages
ou appointemens des autres.
Les Monts de Piété qui font
ces dépenfes d'une main, doivent fans contredit les recouvrer de l'autre; fans cela, ils
fe détruiroient bientôt eux-
mêmes en fervant le Public;
ce qui ne feroit ni jufte, ni
fenfé.

Nous ne parlons point des
Magazins & autres Bâtimens
qui augmentent encore les
frais, du moins dans les pre-
mieres années.

Par ces éclairciffemens fur
les fonds & fur la régie ou adminiftration des Monts de Pié-

té, on conçoit qu'ils doivent être plus ou moins généreux, fuivant la difference des fonds & celle des frais de régie. Les Monts de Piété formés par la charité gratuite des Fideles n'aiant point d'intérêts à paier pour les fonds de la caiffe, ne font paier aux Emprunteurs que leur portion pour les frais de régie. Et même, dans plufieurs de ces Monts de Piété, des Bienfaicteurs aiant donné, ou légué des fommes pour fournir aux frais, ceux qui empruntent donnent feulement des gages; tels font les Monts de Piété de Rome, d'Ypres, & quelques autres.

LES Monts de Piété formés par l'humanité, & par le concours de plusieurs Citoiens, qui, au lieu d'emploier leur argent au négoce, ou en achat d'héritages, ont mieux aimé le porter au Mont de Piété qui leur a donné des Contrats de Constitution, ou des Actions, ces Monts de Piété ont visiblement plus de dépenses à faire, soit pour l'intérêt des fonds de la Caisse, soit pour le paiement des Officiers. D'où il résulte qu'ils ne peuvent eux-mêmes prêter qu'avec de plus grands frais. C'est ainsi que dans les Monts de Piété de cette seconde classe, on prête à 8. 10. & 12. pour

cent

cent d'intérêt par an ; & même dans le Mont de Piété d'Arras, on n'y prête qu'à 15. pour cent. Et cet intérêt, quoique considérable, n'est cependant point réputé usuraire , parce qu'il n'est que compensatoire, & que ce n'est point la quantité qui fait l'usure , mais la qualité. *Quantitas non facit usuram , sed qualitas.*

Ces frais peuvent aussi diminuer par des donations ou des legs qui remplissent insensiblemen la caisse du Mont de Piété , & qui le mettent en état de rembourser les Contrats de Constitution , & d'éteindre ou de retirer les Actions. Ces frais disparoîtroient

même entierement, si de nouveaux Bienfaicteurs laissoient
des sommes suffisantes pour
les frais de régie , ainsi qu'il
est arrivé à quelques Monts de
Piété. Et les prêts faits aux
Pauvres , aux Commerçans &
à tous autres , y seroient entierement gratuits.

ON voit maintenant de la
maniere la plus claire, quelle
est la nature des intérêts que
les Monts de Piété exigent des
Emprunteurs. Ce n'est pas un
intérêt lucratoire , un gain positif fait sur le prêt *lucrum ex
mutuo* , ce qui seroit constam-
ment usuraire , quelque nom
qu'on lui donnât , & de quelque façon que l'on s'y prît

pour y parvenir. *Ufura eft quod-cumque forti accedit. Quod velis ei nomen imponas , ufura eft*, dit S. Ambroife (Lib. de Tobia. cap. 14.) Mais c'eft un intérêt compenfatoire , un dédommagement des frais faits à l'occafion du prêt. Et quelque confidérable que foit cet intérêt, ainfi qu'on le voit dans quelques Monts de Piété , étant effentiellement compenfatoire , il n'eft point ufuraire ; par ce principe, que ce n'eft point la quantité qui fait l'ufure , mais la qualité, & la nature de l'intérêt ; & tout ce qui fe prend au-delà du prêt, ne fe prend pas à caufe du prêt, mais à titre d'indemnité. *Quan-*

titas non facit usuram sed quali-
tas ; & quidquid accipitur ultra
sortem, non est ratione mutui sed
ratione indemnitatis.

Ce ne sont ici ni des distinc-
tions chimériques, ni des dé-
tours imaginés, afin d'ôter le
nom de l'usure, en conservant
la chose ; c'est l'expression des
principes les plus exacts. Les
Loix & la raison n'appellent
gain que ce qui reste après les
pertes, dépenses ou frais paiés.
Neque enim lucrum intelligitur,
nisi omni damno deducto. Leg.
Mucius 50. ff. *pro socio. Lucrum*
non dicitur , nisi omni damno
sumptuque & labore deductis,
dit Dumoulin, Tr. des Contr.
usur. n. 504. Ce qu'exige le

Mont de Piété , n'eſt pas un gain réel & poſitif tiré du prêt, puiſque ce n'eſt que l'indemnité de ce qui lui en coûte , pour fournir aux prêts , & pour être en état de les continuer.

OR l'on ne niera pas que le dédommagement ne ſoit un titre bien légitime , & fondé même ſur ce principe du droit naturel , que perſonne n'eſt tenu de faire aux autres plus de bien qu'à ſoi-même. *Neminem invitum cogi de proprio facere beneficium.* cap.*Precariè* 10. qræſt. 2. Une telle prétention ſeroit outrée, & même réprouvée par la ſaine raiſon. Il eſt injuſte, diſent les Juriſconſultes Romains , de vouloir que quelqu'un nous oblige à son préjudice, (d) *Iniquum eſt damnoſum cuique eſſe officium ſuum.* Les Monts de Pieté qui obligent , & qui procurent des ſecours ſalutaires , doivent donc être indemniſés. Et par qui le feront-ils , ſi ce n'eſt par ceux qui profitent de ces ſecours , ainſi que l'obſerve Leſſius, ou plutôt, ainſi que le veut la raiſon.

DIRA-T'ON que cette prétendûe indemnité n'eſt qu'un artifice pour déguiſer & pour colorer l'uſure?

CETTE objection ne pour-

----

[d] Dig. Lib. 29. tit. 3. Teſtamenta quomodo aperiantur.

roit venir que de gens peu inftruits, & qui ne faififfent que l'écorce d'un objet, ou des Jurifconfultes Proteftans, qui zelés Partifans de l'ufure, veulent, pour la juftifier, la trouver jufques dans nos Contrats de Conftitution. C'eft ainfi qu'ont penfé entr'autres *Puffendorf* & *Barbeyrac* fon Commentateur & fon Traducteur. *L'on a inventé*, difent-ils, (e) *& l'on tolère par tout divers expédiens qui fervent à éluder la décifion du Droit Canonique au fujet du prêt à ufure.* Il faut mettre en ce rang les ren-

---

[e] DE Jure nat. & gent. Liv. V. Cap. 7. §. 9.

tes conftituées à prix d'argent ; qui ne different guéres du prêt à ufure que dans les termes ; mais les Papes eux mêmes n'ont-ils pas permis le prêt à ufure, fous le beau nom de Mont de Piété. On voit que ces Jurifconfultes, afin de juftifier l'ufure où elle eft, cherchent à la trouver par-tout où elle n'eft pas. Mais ils ne raifonnent ainfi que par préjugé ; ils n'attribuent l'ufure aux Monts de Piété , qu'afin d'en prendre occafion de lâcher quelques traits contre les Papes qui les ont approuvés & autorifés. Mais, en cela, ils fe montrent encore moins Jurifconfultes, qu'ennemis des Papes , puifqu'aujourd'hui les

plus

plus célébres Jurifconfultes ne trouvent pas même l'ombre d'ufure dans les Contrats de Conftitution, ou plutôt ,l'opinion contraire eft profcrite univerfellement comme une vieille erreur.

IL en eft de même des Monts de Piété. Les Gens peu inftruits & les Docteurs Proteftans font les feuls qui puiffent y trouver de l'ufure ; les premiers par défaut de lumieres ; les feconds pour en prendre occafion de décrier, foit les Papes qui ont approuvé les Monts de Piété, foit toute l'Eglife qui les a autorifés & confirmés dans deux Conciles Généraux.

MAIS, dit-on encore, ces

Banques ou Bureaux de prêts qu'on appelle Lombards en Flandres, en Hollande, &c. font des Monts de Piété, & cependant les Lombards font ufuraires.

Il eſt vrai que l'on donne quelquefois à ces Banques le nom de Mont de Piété ; mais elles n'en ont que le nom ; & elles font par leur nature eſſentiellement différentes des Monts de Piété dont nous avons parlé. Les Lombards font ufuraires, parce qu'ils font compofés d'une bourſe que forment différens particuliers pour prêter fur gages, fans néanmoins aliéner les fonds que chacun d'eux y apporte; enforte qu'il peut les retirer quand bon lui semble. Ce n'est pas un Contrat de Constitution, ou une Action, qui produisent des intérêts légitimes, à cause que les deniers font aliénés, & que les Actions ou Contrats ne font point rachetables du côté du créancier de la rente. Au lieu que, dans les Lombards, il n'y a aucune aliénation ; les deniers n'y font que prêtés, & dès-lors exigibles à tout moment, & par conséquent incapables de produire aucun intérêt. L'utilité de l'établissement n'efface point le vice de l'origine ou des fonds de caisse. En vain appliqueroit on les profits à l'entretien des Hôpitaux, ainsi qu'il fe pratique au

Lombard d'Amſterdam; comme l'argent de cette Banque n'eſt qu'un argent prêté, qui d'ailleurs, ſans cela, reſteroit oiſif, & ne rapporteroit rien, c'eſt une tache originelle qui ne permet de juſtifier le Lombard d'Amſterdam, ni aucun autre; parce que, quelque louable que ſoit l'entretien des Hôpitaux, on ne doit pas y pourvoir par des moiens uſuraires & illégitimes. Selon S. Jean Chryſoſtôme, l'aumône (e) faite avec le gain d'un trafic uſuraire, n'eſt pas plus agréable à Dieu, que celle que fe-

[e] Pecuniam fœnore partam, ſi in eleemoſynam detur, non magis Deo acceptam eſſe, quàm ſi detur ex quæſtu meretricio. *cap. ult.* 1. ad Corinth.

roit une femme du gain de son libertinage.

LES Monts de Piété sont d'une toute autre nature. Les fonds dont ils disposent leur apartiennent en propre. Et s'ils sont débiteurs d'une rente envers les Actionnaires, ce n'est pas une rente dont celui qui en est le créancier puisse exiger le remboursement. Le Mont de Piété est le seul qui, comme débiteur de la rente, ait la liberté de la rembourser, dès qu'il sera en état de le faire. Les Mont de Piété ne sont donc point passivement usuraires comme les Lombards.

LE sont-ils activement par l'intérêt qu'ils font paier aux emprunteurs? c'est une ques-

tion qui n'est plus problémati-
que, après les principes que
l'on vient d'établir ; sur-tout
ayant été si formellement décidée par deux Conciles Généraux , par plusieurs Papes,
par un très-grand nombre de
Théologiens & de Canonis-
tes, Etrangers & François.

Le Ve Concile de Latran a
solemnellement approuvé &
confirmé les Monts de Piété
par son Decret,& il a motivé
son approbation. » Nous dé-
» clarons que les Monts de
» Piété où l'on reçoit quel-
» que chose pour l'entretien
» des Officiers & pour les dé-
» penses inévitables *afin de dé-*
» *dommager , & faire subsister*
» *ces sortes d'établissemens , sans*

,, que les *Monts de Piété* en
,, puiſſent tirer aucun profit, au-
,, delà de ce qui eſt préciſément
,, néceſſaire pour ces dédomma-
,, gemens , n'ont nulle appa-
,, rence de mal , & ne don-
,, nent aucune occaſion de pé-
,, cher. *Definimus Montes Pietatis in quibus pro eorum expen-
ſis & indemnitate , aliquid moderatum ad ſolas miniſtrantium
impenſas & aliarum rerum ad
illorum conſervationem pertinentium ,* PRO EORUM INDEMNI-
TATE DUNTAXAT, ULTRA SOR-
TEM, ABSQUE LUCRO EORUM-
DEM MONTIUM, RECIPITUR , *ne*-
que ſpeciem mali præferre, nec
peccandi incentivum præſtare, ne-
que ullo pacto improbari. Conſ.
G 4

tit. Leon. X. in Seff. X. Concil. Lateran.

Le Concile de Trente les a diféremment approuvés toutes les fois qu'il en a parlé. On peut voir ce qu'il en a dit dans les Chap, 7. 8 & 10 de la Seff. XXII.

L'EGLISE, ennemie irréconciliable de l'ufure, eût-elle adopté & confirmé des établiffemens ufuraires? Dans toute occafion, les Papes les ont favorifés, & ils les ont déclarés exempts d'ufure. Or, à ne regarder les Papes mêmes que comme des Canoniftes, leur autorité doit être affurément d'un grand poids.

A cette foule de Docteurs

des plus fameuses Universi-
tés , qui , consultés par les
Villes de Padoue, de Man-
toue, de Florence (e) se sont
décidés en faveur des Monts
de Piété , nous joindrons encore un célèbre Jurisconsulte.
Charles DuMoulin s'est décla-
ré partisan zélé des Monts de
Piété , (f) & il a soutenu qu'ils
étoient non - seulement permis , mais encore louables ,
& conformes à l'humanité &
à la Religion. Oublions son
autorité , pour ne peser que
ses raisons. Ce Jurisconsulte

(e) Vide pag.   *& suiv.*

[f] Trait. des Cont. Usur. n. 581. *&
suiv.*

traitant son Sujet avec cette profondeur qu'on lui connoît, voit d'abord des frais indispensables ; des Officiers, des Commis à paier, des fonds à conserver , & qui s'épuiseroient bientôt, si les emprunteurs ne contribuoient pas à ces dépenses. Loin d'y appercevoir un gain réel & positif pour les Monts de Piété, il n'apperçoit qu'un simple dédommagement. *Idque pro sumptibus custodum & ministrorum, & ne sors deperiret, sed conservaretur in usum futurorum pauperum.* Plus bas , il explique la nature de cet intérêt avec tant de lumieres , que l'on se contentera de le tra-

duire, de peur, en l'allongeant
ou en l'abrégeant, d'ôter à ses
raisonnemens une partie de
leur force.

*Il y a usure, dit-il (g), quand
le créancier, outre le dédomma-
gemeut, veut faire un gain sur le
prét. Il n'en est pas ainsi des
Monts de Piété qui exigent un
intérét, non pour leur profit,*

(g) T u n c demum *Usura* procedit,
quando creditor certat de proprio quæf.
tu : Secus quando quis non fibi ipfi . fed
ad commodum pauperum ftipulatur, ad
confervandum fortem & continuationem
fimilium officiorum , ut in hac ordina-
tione in quâ , licèt mutuando fiat quod-
dam negocium , tamen illud negocium
non fit ad commodum alicujus Daniftæ,
fed in rem Pauperum. Et infpecto effec-
tu & rerum exitu , qui potiffimum at-

mais pour l'utilité des pauvres ;
c. à. d. afin de conserver le ca-
pital ou fonds de caisse, & par là
de continuer les mêmes secours.
Quoiqu'il y ait dans ce prêt une
sorte de commerce, le but ce-
pendant n'est pas d'enrichir un
usurier, mais d'aider les pauvres.
Et à n'envisager que l'effet &
l'objet, qui méritent la principale
attention, cet intérêt que payent
les pauvres n'est point usuraire,

---

zendi debet, non est hæc negociatio
usuraria, per quam quid auferetur à
puperibus ; sed negociatio conservato-
ria beneficentiæ erga pauperes exercen-
dæ.... Tota enim ea administratio, sive
in mutuando, sive levem illam Usuram
stipulando, nihil aliud est quàm dispen-
satio misericordiæ in pauperes præsen-
tes & futuros. *ibid.*

parce qu'il n'est exigé qu'afin de conserver entiere, & sans diminution, la source d'où les bienfaits doivent perpétuellement découler; les Monts de Piété aiant été établis pour le soulagement des pauvres à venir, comme pour celui des pauvres actuels.

CE raisonnement est d'autant plus solide, qu'outre son mérite intérieur, il est un excellent commentaire du Decret du Concile Latran, dont il ne fait qu'expliquer & développer les motifs de décision. Mais Dumoulin n'envisage l'interêt que du côté des Monts de Piété qui l'exigent. Les Théologiens du Concile de Latran l'ont aussi envisagé du côté de l'emprunteur qui le pa'e. Et, à cet égard, il n'eft pas moins jufte, fuivant ce principe de Droit, Que celui qui retire un avantage, doit fupporter les frais néceffaires pour le lui procurer. *Qui commodum fentit, onus quoque fentire debet.*

Nous ne devons pas oublier l'autorité de S. Charles Borromée, qui approuvoit fi bien les Monts de Piété, qu'il a lui-même revû & perfectionné les Statuts de celui de Rome. Les Monts de Piété n'auroient pas, ce femble, befoin d'autres fuffrages.

Si, avant de finir, nous ajoûtons encore deux autorités,

c'eſt parce qu'elles ſont pro-
pres & perſonnelles à la France. La premiere ſe tire des
*Conférences Eccléſiaſtiques de
Paris ſur l'Uſure*. La ſecon-
de , de la *Théologie mo-
rale de Grenoble*.. On ne ſoup-
çonnera pas aſſurément ces
Auteurs de relâchement ſur la
matiere.

Sans parler de l'Approbation
authentique que M. le Cardinal de Noailles a donnée aux
Conférences Eccléſiaſtiques ;
leur autorité eſt d'autant plus
reſpectable, que les Auteurs
ou Rédacteurs n'y ont rien dit
de leur chef. Ils ont puiſé dans
les ſources les plus pures. Les
principes qu'ils y établiſſent

avec une sage & profonde éru-
dition , sont tirés de saintes
Ecritures, des Loix Canoniques & Civiles, des sentimens
des plus habiles Docteurs, &
de la Jurisprudence des Arrêts. Aussi le public leur a-t'il
fait l'accueil le plus favorable.
Voici de quelle maniere Elles
s'expliquent, (Tom. 1. Liv. 6.
§. 8.) sur la question de l'usure
dans les Monts de Piété.

VIe cas. „ Est-il permis de
„ tirer des interêts des prêts
„ qu'on fait dans les Banques
„ qu'on appelle en Italie &
„ en Flandre Monts de Pié-
„ té ?

R. „ Il n'y a presque point
„ de page dans le Traité de
„ l'Usure,

„ l'Ufure, &c. de M. de la Bi-
„ gotiere , où ce Magiſtrat
„ ne reproche à l'Eglife Ca-
„ tholique d'autorifer dans les
„ Monts de Piété les prêts
„ ufuraires. Il prétend faire
„ voir par là , ou qu'elle ſe
„ contredit dans fon ſyſtème
„ fur l'ufure , ou qu'elle ap-
„ prouve le ſien : ce faux prin-
„ cipe fut objecté dans le der-
„ nier Concile de Latran par
„ un feul Evêque ; mais il fut
„ rejetté par Léon X , & tous
„ les autres Prélats qui aſſiſ-
„ terent à la dixiéme Seſſion
„ de ce Concile.

„ On appelle Monts de
„ Piété une caiſſe publique où
„ les pauvres , & d'autres per-

,, fonnes peuvent aller em-
,, prunter de l'argent à peu de
,, frais. On a inftitué ces caiffes
,, publiques pour donner lieu
,, aux pauvres de trouver fur
,, gages, des fecours dans leurs
,, befoins, fans être obligés d'al-
,, ler emprunter à des ufuriers
,, qui les ruineroient par des
,, intérêts confidérables qu'ils
,, auroient peut-être la dureté
,, d'exiger d'eux.

,, CES Monts de Piété doi-
,, vent leur principal établiffe-
,, ment à LÉON X , qui aiant
,, vû le bien qu'ils produi-
,, foient, confirma dans la di-
,, xiéme Seffion du cinquiéme
,, Concile de Latran , ce que
,, les Papes fes prédéceffeurs

,, avoient déja fait fi fagement
,, pour leur érection. Le Con-
,, cile de Trente les a auffi au-
,, torifés dans la Seffion XXII.

,, Ces Monts de Piété font
,, très-fréquens en Italie ; il y
,, en a dans prefque toutes les
,, grandes Villes. Louis XIV.
,, la premiere année de fon
,, Regne, les voulut établir à
,, Paris, & dans plufieurs Vil-
,, les de France, fous la pro-
,, tection du Duc d'Orleans
,, fon Oncle, & du Prince de
,, Condé fon Coufin, & la
,, Sur-Intendance du Cheva-
,, lier Balthazar Gerbier : mais
,, à l'exception de quelques
,, Villes particulieres, comme
,, celle d'Aix, on en voit très-

„ peu dans ce Roiaume.

„ Pour faire voir qu'il n'y
„ a pas d'uſure dans les Monts
„ de Piété, il n'y a 1°. Qu'à
„ lire dans la Déclaration que
„ Louis XIV. donna en 1643
„ pour leur établiſſement en
„ France, les motifs qui les
„ ont fait établir. Ce Prince
„ parlant des Monts de Piété,
„ dit que les Rois ſes prédé-
„ ceſſeurs pour remédier aux
„ grands dommages que la ſe-
„ crete pratique des uſures
„ cauſoit à leurs Sujets, ont
„ par pluſieurs Edits & Or-
„ donnances, impoſé des peines
„ à ceux qui faiſoient ce trafic
„ illicite de prêter argent à ex-
„ ceſſif interêt, Nous voulons

„ aujourd'hui , étant animés
„ du même zéle , & perfuadés
„ par une même raifon , em-
„ ploier tous les efforts de
„ notre autorité Roiale pour
„ renverfer tout à la fois , &
„ les fondemens , & les Mi-
„ niftres de cette pernicieufe
„ pratique d'ufure , qui s'e-
„ xerce dans les principales
„ Villes de notre Roiaume ;
„ & d'autant que le trafic de
„ l'emprunt & du prêt d'ar-
', gent eft très-utile & nécef-
„ faire dans nos Etats. . . . ,
„ Nous avons voulu établir
„ des Monts de Piété , afin
„ que par ce moien utile au
„Public , & convenable au
„tems , chacun y trouveur,

„ foulagement dans les plus
„ grandes néceffités , abolif-
„ fant de cette forte & le per-
„ nicieux trafic des ufuriers ,
„ & le criminel ufage des ufu-
„ res qu'on y rend arbitraires à
„ la ruine des familles. „

CES Monts de Piété ne
„ font pas ufuraires fi l'on veut
„ faire attention à toutes les
„ conditions qui s'obfervent
„ dans ces fortes de prêts. La
„ premiere , qu'on n'y prête
„ que de certaines fommes ,&
„ que pour un tems qui ne
„ paffe jamais un an , afin qu'il
„ y ait toujours des fonds dans
„ la caiffe. La feconde, qu'on
„ n'y prête que fur des gages ,
„ parce que comme on n'y

,, prête qu'à des pauvres, le
,, fonds de ces Monts de Pié-
,, té feroit bientôt épuifé, fi
,, l'on ne prenoit pas ces pré-
,, cautions ; car combien de
,, pauvres, s'ils empruntoient
,, fans donner de gages, fe
,, trouveroient-ils infolvables ?
,, La troifiéme, que quand le
,, tems prefcrit pour le paie-
,, ment de ce qu'on a emprun-
,, té eft arrivé, fi celui qui a
,,emprunté ne paie pas, on vend
,, les gages, & de la fomme
,, qui en revient, on en prend
,. ce qui eft dû au Mont de
,, Piété, & le refte fe rend à
,, celui à qui le gage appar-
,, tient. La quatriéme, c'eft

,, qu'outre la fomme princi-
,, pale qu'on rend au Mont de
,, Piété , on y paie encore
,, une certaine fomme.

,, MAIS , comme le difent
,, Léon X. & Louis XIV. la
,, fomme qu'on paie par mois;
,, ou par an pour ces emprunts
,, aux Monts de Piété , eft
,, beaucoup au-deffous de l'in-
,, terêt que permet l'Ordon-
,, nance du Prince. On peut
,, auffi ajoûter , & ce font les
,, termes de Léon X , que fi
,, l'on y reçoit quelque chofe
,, au-delà du principal , ce
,, n'eft pas en vertu du prêt;
,, c'eft pour l'entretien des
,, Officiers , & pour les dé-
,, penfes

,, penſes qu'on eſt obligé de
,, faire, afin de faire ſubſiſter
,, ces ſortes d'établiſſemens;
,, c'eſt ce qui n'a aucune ap-
,, rence de mal, & ne donne
,, aucune occaſion de péché.
,, En effet, cela eſt juſte, & n'eſt
,, pas plus uſuraire, que de de-
,, mander le paiement d'un
,, Meſſager que nous aurions
,, envoié à un ami, pour lui
,, porter l'argent qu'il nous
,, auroit demandé à emprun-
,, ter.

,, On doit remarquer au ſu-
,, jet de cette quatrième con-
,, dition, 1°. Que Louis XIV,
,, dans la Déclaration qu'on
,, vient de citer, avoit établi
,, né qu'à Paris le Mont de

„ Piété qu'il avoit projetté d'y
„ établir , prêteroit aux pau-
„ vres gratuirement jufqu'à la
„ la valeur d'un écu. 2°. Qu'on
„ n'exigeroit de ceux à qui on
„ prêteroit des fommes plus
„ fortes, que trois deniers pour
„ livre par mois. 3°. Que fi
„ l'on exigeoit ces trois de-
„ niers dans le commence-
„ ment de l'exécution du
„ Mont de Piété pour le met-
„ tre fur pied , on prendroit
„ moins dans la fuite s'il fe
„ pouvoit. 4°. (& c'eft le fen-
„ timent de tous les Canonif-
„ tes les plus Religieux) Si les
„ Monts de Piété , avec le fe-
„ cours & la charité libérale
„ des Fideles , avoient des

„ biens suffisans pour prêter
„ gratuitement , & satisfaire
„ aux dépenses de la caisse, on
„ ne pourroit rien du tout exi-
„ ger de ceux à qui on prê-
„ teroit.

„ Il est vrai qu'il se peut
„ glisser des abus dans les
„ Monts de Piété , mais cela
„ n'empêche pas que ces
„ Monts ne soient très-justes ,
„ & exempts d'usure : de plus,
„ quand il s'y glisse des abus ,
„ l'Eglise tâche de les abolir.
„ Par exemple, quand peu de
„ tems après le Concile de
„ Trente, on se fut aperçu que
„ les usuriers portoient leur
„ argent aux Monts de Piété
„ qui le prenoient à interêt. On

,, y remedia, & l'on pria le Pape
,, Grégoire XIII. d'autorifer
,, ce qu'on avoit reglé , qu'on
,, ne prendroit plus d'argent à
,, interêt dans les Monts de
,, Piété , à moins que ce ne
,, fût de Négocians , qui au
,, lieu de mettre leur argent
,, dans le Négoce pour en ti-
,, rer de gros interêts , aime-
,, roient mieux par charité le
,, mettre dans les Monts de
,, Piété à quatre pour cent feu-
,, lement , & c'eft ce que Gré-
,, goire XIII. confirma par un
,, Bref de 1580.

,, En France , quand Louis
,, XIV. dans la Déclaration
,, qu'on vient de citer, autorifa
,, les Monts de Piété ; il per-

„ mit aux Adminiſtrateurs, lorſ-
„ qu'ils feroient obligés d'em-
„ prunter , de le faire ſeule-
„ ment par des Contrats de
„ Conſtitution ; c'étoit éloi-
„ gner des Monts de Piété tous
„ les ſoupçons que l'on forme
„ contre ce pieux Etabliſſe-
„ ment de ſoûtenir les uſures,
„ en donnant lieu aux uſuriers
„ de leur prêter à intérêt ſous
„ de ſimples obligations.

ENFIN la Théologie morale
de Grenoble porte la même
déciſion ſur les mêmes principes en ces termes : (Tom. 1,
Traité 4e. Chap. 8.

4. D. Si l'intérêt eſt défendüe
par le droit Divin & Humain,

»comment fe peut-il faire qu'il
»foit permis auxMorts dePié-
»té de recevoir quelque chofe
»au-delà du fort principal,
„cela leur aiant été concédé
„par plufieurs Bulles des Pa-
„pes, & principalement par
„la Conftitution 11. de Léon
„X.

   R. „COMME il eft évident
„par les Bulles des Papes,
„que les intérêts qu'on reçoit
„dans les Monts de Piété, ne
„font que pour les dépenfes
„qu'on eft chargé de faire, par
„conféquent ces intérêts ne
„font point ufuraires, parce
„que ce ne font point de vé-
„ritables intérêts de l'argent

„ prêté; mais plutôt un dédom-
„ magement des dépenses
„ qu'on est obligé de faire en
„ prêtant : ce qui se justifie par
„ les paroles de la Bulle du
„ Pape Léon X. * *Desini-*
mus, &c.

CONCLUONS de toutes ces autorités qu'il seroit difficile, pour ne pas dire impossible, de trouver parmi les Théologiens & les Canonistes, une opinion plus universellement reçue que celle qui prononce que les Monts de Piété ne sont pas usuraires. A cette unanimité concourent deux motifs, l'un tiré de l'autorité de l'E-

* Ce Decret est rapporté ci-dessus. p. 34.

glife qui les a approuvés, l'autre tiré de la folidité des raifons fur lefquelles les Docteurs établiffent la légitimité de l'interêt que les Monts de Piété retirent des emprunteurs. Les Rois de France ont fi bien reconnu la force de cette autorité, la certitude & la verité de cette Doctrine, que l'on a vû Louis XIII & Louis XIV établir & favorifer des Projets de Monts de Piété en 1626 & en 1643, lefquels n'ont échoué que par les vices interieurs qui s'y rencontroient, & non par la crainte chimérique de l'ufure. Le fiecle de Louis le Grand étoit trop éclairé, je ne dis pas

pour donner dans une pareille
erreur, mais même pour prendre, à cet égard, de vaines al-
larmes. Les Conférences Ec-
cléfiaftiques de Paris font voir
que les Théologiens & les
Canoniftes du fiecle de Louis
XV. ne penfent pas différem-
ment.

FIN.